5 ASTUCES POUR DÉMARRER !

1) COMMENT RÉSOUDRE LES MOTS MÊLÉS

Les puzzles sont dans un format classique :

- Les mots sont cachés sans espaces, tirets, ...
- Orientation : Les mots peuvent être écrits en avant, en arrière, vers le haut, vers le bas ou en diagonale (ils peuvent être inversés).
- Les mots peuvent se chevaucher ou se croiser.

2) UN APPRENTISSAGE ACTIF

Un espace est prévu à côté de chaque mots pour noter la traduction. Pour favoriser un apprentissage actif un **DICTIONNAIRE** à la fin de cette édition vous permettra de vérifier et étendre vos connaissances. Cherchez et notez les traductions, trouvez-les dans le Puzzle et ajoutez-les à votre vocabulaire !

3) MARQUEZ LES MOTS

Vous pouvez inventer votre propre système de marquage. Peut-être en utilisez-vous déjà un ? Sinon, vous pourriez, par exemple, marquer les mots qui ont été difficiles à trouver d'une croix, ceux que vous avez aimés d'une étoile, les mots nouveaux d'un triangle, les mots rares d'un diamant, etc...

4) STRUCTUREZ VOTRE APPRENTISSAGE

Cette édition vous offre un **CARNET DE NOTES** très pratique à la fin du livre. En vacances ou en voyage ou à la maison, vous pouvez facilement organiser vos nouvelles connaissances sans avoir besoin d'un second bloc-notes !

5) VOUS AVEZ FINI TOUTES LES GRILLES ?

Allez à la section bonus **CHALLENGE FINAL** pour trouver un jeu gratuit à la fin de cette édition !

Simple et Rapide ! Découvrez notre collection de livres d'activités pour votre prochain moment de détente et **d'apprentissage**, à juste un clic de distance !

Trouvez votre prochain défi sur :

BestActivityBooks.com/MonProchainLivre

À vos marques, prêts... Partez !

Saviez-vous qu'il existe environ 7 000 langues différentes dans le monde ? Les mots sont précieux.

Nous aimons les langues et avons travaillé dur pour créer les livres de la plus haute qualité pour vous. Nos ingrédients ?

Une sélection des thématiques d'apprentissage adaptée, trois belles parts de divertissement, puis nous ajoutons une cuillère de mots difficiles et une pincée de mots rares. Nous les servons avec soin et un maximum de plaisir pour vous permettre de résoudre les meilleurs jeux de mots mêlés qui soient et d'apprendre en vous amusant !

Votre avis est essentiel. Vous pouvez participer activement au succès de ce livre en nous laissant un commentaire. Nous aimerions vraiment savoir ce que vous avez préféré dans cette édition !

Voici un lien rapide qui vous mènera à la page d'évaluation de vos commandes :

BestBooksActivity.com/Avis50

Merci pour votre aide et amusez-vous bien !

De la part de toute l'équipe

1 - Adjectifs #2

```
C Y R R E J V G K N Z C A O N K
M R D E S C R I P T I V E Q O B
S D E T W S N A G E L E J W V X
U A N A C U T S L J N F S T U N
C S N U T B Z L X J A R E F M K
I O G U G R G A Z O T A M E T O
G U O W S E I S M N U L A M C A
A T H H L P B X Z U R F R R B M
R C B O M U C C I S A X E N S J
T U F D V S P O F U L T V O O W
P R Z O V N B K H Q I V Z B U X
S F V M R E W S R F S N X I E J
S S M M Z T L L J R U J Z L F U
W E C O S O I J N P C N R I A Z
S Q E C W P Z S T L F T E S B E
D O N A T U S P U R U S X E O J
```

VERAM	NATURALIS
NOBILIS	NOVUM
CREATRIX	FRUCTUOSA
DESCRIPTIVE	POTENS
DONATUS	PURUS
TRAGICUS	AMET
ELEGANS	SANUS
SUPERBUS	SALSA
FORTIS	FERA
COMMODO	SICCUM

2 - Formes

```
L  I  N  E  A  C  T  R  I  A  N  G  U  L  U  M
U  A  B  B  N  I  L  Y  N  R  W  R  Z  O  E  V
J  K  K  O  J  R  U  J  I  P  B  G  S  V  J  X
V  J  F  L  N  C  W  T  O  M  P  A  M  P  E  B
H  H  H  O  L  U  G  N  A  J  M  Y  C  S  A  O
O  R  A  S  C  M  M  U  T  A  R  D  A  U  Q  G
P  Y  R  A  M  I  D  I  S  V  R  Y  R  L  Z  X
T  R  P  H  L  N  I  Y  W  R  Q  C  X  U  H  R
R  E  C  T  A  N  G  U  L  U  M  K  F  C  T  S
M  X  B  L  O  B  F  P  A  C  Y  G  J  R  V  P
S  X  C  F  O  P  G  H  V  X  P  F  C  I  C  H
E  E  P  I  R  G  H  O  X  M  A  E  C  W  A
R  T  U  C  V  I  S  P  I  L  L  E  R  K  E  E
N  A  D  O  V  S  U  B  U  C  D  U  V  T  I  R
V  W  R  N  V  M  C  Y  L  I  N  D  R  O  E  A
S  C  R  I  E  A  P  O  L  Y  G  O  N  U  M  Q
```

ARC	ELLIPSI
ORAS	LINEA
QUADRATUM	OVAL
CIRCULUS	POLYGONUM
ANGULO	PRISMA
CURVA	PYRAMIDIS
CONI	RECTANGULUM
PARTE	CIRCUM
CUBUS	SPHAERA
CYLINDRO	TRIANGULUM

3 - Force et Gravité

```
D I M S I T E N G A M P U N Q A
I P E E T E I P N Y W R O R A X
L M D J C F W S P F S O R C I I
A P X X A H I M N S I C B H M S
T R U T I B A R U C M U I P U K
A I C T U M O N I K B L T L X T
T B Y Z O G D S I Q W H A A M I
I A A F K O U K O C S U D N O P
O N F L D I T M I C A P Q E T I
P P R O P R I E T A T E S T U C
T H G A S N N S N F D B U A S S
A H Y I I E G S E D L S P R W U
N S L S X O A B V C F F M U T S
K H Q N I R M T N Z S U E M P R
S H T G Q C U R I U T A T F O I
T P F F J U A M C E N T R U M N
```

AXIS   MECHANICA
CENTRUM   MOTUS
INVENTIO   ORBITA
PROCUL   PHYSICA
SUSCIPIT   PLANETARUM
DILATATIO   PONDUS
ICTUM   CURABITUR
MAGNETISMI   PROPRIETATES
MAGNITUDO   TEMPUS

4 - Adjectifs #1

```
I  V  G  Y  F  E  Q  R  B  G  A  U  L  S  K  P
U  B  S  U  A  R  E  C  E  H  H  W  I  M  K  T
V  G  Z  O  X  R  K  T  R  K  C  R  B  U  C  P
E  C  R  T  S  F  W  S  M  A  Y  T  E  M  A  O
N  B  Q  A  A  A  E  E  O  C  I  U  R  J  W  T
E  O  P  S  V  X  N  R  D  I  R  G  A  D  R  I
S  O  U  O  S  I  U  N  E  T  S  P  L  O  F  I
A  S  L  I  S  G  S  Z  R  O  A  O  I  G  O  N
X  N  C  T  N  I  B  H  N  X  T  R  S  R  G  G
X  W  H  I  U  D  M  P  Z  E  E  R  D  Q  Z  E
G  M  R  B  I  N  N  O  C  E  N  S  K  U  X  N
X  A  A  M  M  A  X  I  M  U  S  D  O  F  S  S
S  E  I  A  P  E  R  F  E  C  T  U  M  Y  Y  Y
A  R  T  I  S  B  P  Z  A  Z  I  A  Z  X  E  K
A  R  O  M  A  T  I  C  U  M  E  D  I  G  J  Z
A  C  T  I  V  A  A  B  S  O  L  U  T  A  S  U
```

ABSOLUTA	AMET
ACTIVA	IDEM
AMBITIOSA	MAXIMUS
AROMATICUM	INNOCENS
ARTIS	IUVENES
NIBH	TARDUS
PULCHRA	GRAVIS
EXOTIC	TENUIS
INGENS	MODERN
LIBERALIS	PERFECTUM

5 - Instruments de Musique

```
H  S  T  R  O  M  B  O  N  E  U  M  L  K  C  Y
B  I  A  Q  S  H  T  V  I  T  A  E  O  Y  I  A
I  F  C  X  Z  G  A  I  N  E  L  P  A  M  T  Y
R  Q  I  D  O  X  C  Q  B  A  N  K  P  Q  H  I
A  O  N  A  I  P  B  M  R  I  W  N  X  E  A  E
G  G  O  P  E  G  H  Z  Z  B  A  W  H  K  R  G
Z  A  M  T  U  B  A  O  D  I  G  O  N  G  A  R
K  Q  R  C  E  L  L  O  N  T  B  A  N  J  O  F
B  F  A  A  Q  T  V  Q  I  E  A  T  J  L  B  D
C  A  H  O  S  V  A  L  L  K  S  A  R  S  T  Q
H  S  S  J  I  I  A  S  O  I  G  N  S  G  W  E
G  P  Y  S  F  L  Q  Q  D  R  M  O  M  U  M  E
Z  R  K  H  O  H  G  B  N  L  L  S  J  X  G  J
J  C  K  Z  F  O  D  L  A  E  H  X  Q  N  Z  P
M  U  T  F  N  B  N  F  M  U  N  A  P  M  Y  T
P  E  R  C  U  S  S  U  S  C  Z  P  O  B  Z  S
```

BANJO	MANDOLIN
BASSOON	PERCUSSUS
PLENI	PIANO
TIBIAE	SAXOPHONE
TIBIA	TYMPANUM
GONG	TROMBONE
CITHARA	TUBA
HARMONICA	VITAE
SONATA	CELLO

6 - Échecs

```
I F N A H E Q X R M E H J A N F
D M U T N E M A E N R O T D N O
D P D P U M K I R Y G W G V O R
Q F A E S E K A J N A T X E R T
D I S C E R E Q L T M L M R L I
D Z F E P H H E W B T W Q S Z S
D P F A M T G P D A U L S A P S
T B V R A D N F M A V S E R X I
P E Z P M G T C B L U I C I I M
U N M U I C I F I R C A S U Y U
N J U P C O N S I L I O F S P S
C R R M U D U L M A B X F Z A E
T H G C J S D I A M E T E R N P
A N I G E R Y W T Q Y N S G I R
L A N E M A T R E C J R T R T T
L U D I O L U D I U S J F S A O
```

ADVERSARIUS
DISCERE
ALBUS
FORTISSIMUS
CERTAMEN
DIAMETER
LUDUM
LUDIO LUDIUS
NIGRUM

PASSIVA
PUNCTA
REGINA
PRAECEPTA
REX
SACRIFICIUM
CONSILIO
TEMPUS
TORNEAMENTUM

7 - Herboristerie

```
C H P D B V K F P F C O Z C M H
T Y T K V A J H I L R R T U R D
I V P I V A S Y P O O I A L G F
C A S I A E L I X S C G R I A R
T H Y M U M P L L R U A R N Y F
C Y Q B H I I V I I S N A A B K
S A P O R E M A V U U I G R I V
A R O M A T I C U M M S O Y F U
U Q U A L I T A S C Y X N A N Z
Q T P E T R O S E L I N U M E H
Y O I C V C V G N X A M I N T O
N S D L F Q S U N I R A M S O R
P M S N E I D E R G N I H Y L T
V I R I D I S U Y V K W P O G U
F A E N I C U L I H Y N C S M S
F R T U K T C G Y T L G W R O R
```

ALLIUM
AROMATICUM
BASILIUS
UTILE
CULINARY
TARRAGON
FAENICULI
FLOS
INGREDIENS
HORTUS

CASIA
ORIGANI
MINT
PETROSELINUM
QUALITAS
ROSMARINUS
CROCUS
SAPOREM
THYMUM
VIRIDIS

8 - Véhicules

```
E W J P C L N O O C A C U R E S
I X R O A A Q Q W Q K H J A A E
Q Z K D H D S L W M B F G T B C
E Y Y Q F Y A W B U S U F I O F
F C M N F S N C T T Z Q P S A O
E L N X G B P Z F A F P M E H R
F X S A Y I G R O T I T T R O P
V P Y G L R B O S I O X O I S W
A L D G D U G T W M S B A T E O
Z Z J C M W B O D O R J T T D S
Y E U T A T I M O C V H Q D J C
P M F G S U B M A R I N E J U O
C J V L S T R A C T O R L V M O
H E L I C O P T E R L U P W Q T
D O L O R O M L V I V A M U S E
G Y M J U M R N A V I Y T J M R
```

AMBULANCE
VIVAMUS
NAVI
DOLOR
COMITATUM
PORTTITOR
ERUCA
HELICOPTER
SUBWAY

MOTOR
TIRES
RATIS
SCOOTER
SUBMARINE
TAXI
TRACTOR
COMITATU
CAR

9 - Camping

```
L K H A T A G N X H S L N V D H
A R Q G G L Q K F M D H A E F Y
C X X A U H N M V E R E T N I L
U C X C U A Z G Q Q I J U A A Z
S P Q O L M A R E M A C R T N Q
S E T Z V M E I D Z K F A I I I
F K X W X O W N N J I O Y O M D
C A S U S C P T U S E T Y N A E
I R I V H K E S T F E G U E L C
L L N S T R Q V A P X C N V I I
F B G T I W O T R C K D T P A M
Z M I O T L Z A A M O N T E M A
L U N A C D V E P L O U Y R I U
C O R N U K V A P Q O U V I T H
U E F O C G N V A K G I T S I S
T A B E R N A C U L U M K I O P
```

ANIMALIA	IGNIS
CASUS	SILVA
DECIMA	HAMMOCK
CAMERAM	INSECT
LINTER	LACUS
MAP	CORNU
HAT	LUNA
VENATIONE	MONTEM
FUNEM	NATURA
APPARATU	TABERNACULUM

10 - Écologie

```
V V O Q G D G Y P N R P K L C O
L O H C A E L I M Y V L Z B O U
M N L T S P E C I E S A D A M P
N B J U M A R I N E S N M O M D
M A I T N E R I V N B T K M U Y
G M Z I B T M C R Q X I R H N D
O X T H G A A R O L F S L X I I
G P C D C T L R U M B D A L T V
I G E Y C I L K I L O L C O A E
I N R S M B U U X I F N K P T R
N A R U T A N H L Q S W T T E S
K I G F J H S A L U T E M E S I
T G S I C C I T A T E H I U S T
W V X Q K O U P A L U D E M C A
V A R I E T A T E L U Y P R D S
X N A T U R A L I S R J R I D Z
```

VOLUNTARIIS
CAELI
COMMUNITATES
DIVERSITAS
NULLAM
SPECIES
FLORA
HABITAT
PALUDEM
MARINE

MONTES
NATURA
NATURALIS
PLANTIS
OPES
SICCITATE
SALUTEM
VARIETATE
VIRENTIA

11 - Géométrie

```
S  T  Z  M  C  N  Y  S  H  M  W  S  L  J  S  R
E  P  H  P  V  N  D  D  E  N  U  M  E  R  U  S
G  A  M  E  I  C  I  F  R  E  P  U  S  L  N  U
M  R  A  Z  O  P  A  V  R  U  C  C  U  A  A  L
E  A  I  H  P  R  R  E  D  B  O  C  L  W  I  U
N  L  D  L  X  B  I  O  Q  Y  I  J  U  D  D  C
T  L  O  V  S  Q  V  A  P  U  T  K  G  V  E  L
U  E  A  C  I  G  O  L  Y  O  A  T  N  H  M  A
M  L  L  S  X  P  C  I  G  Z  R  T  A  C  L  C
I  A  T  Y  M  K  Y  M  H  N  H  T  I  V  M  N
P  S  I  T  I  D  E  A  R  P  W  M  I  O  A  W
U  Q  T  V  E  R  T  I  C  A  L  I  S  O  S  M
F  M  U  L  U  G  N  A  I  R  T  V  V  L  S  O
Y  Z  D  C  I  R  C  U  L  U  S  L  B  R  A  Z
X  V  O  X  V  G  Q  V  F  C  L  E  S  R  R  R
Q  Y  L  N  D  G  N  R  I  N  K  F  B  U  K  K
```

ANGULUS	MEDIANUS
CALCULUS	NUMERUS
CIRCULUS	PARALLELA
CURVA	PROPORTIO
DIAM	SEGMENTUM
RATIO	SUPERFICIEM
AEQUATIO	PRAEDITIS
ALTITUDO	THEORIA
LOGICA	TRIANGULUM
MASSA	VERTICALIS

12 - Diplomatie

```
C B U K I I L O A C I T I L O P
S E F O P G B W L O V S H Q I D
E I R I Y T O M E M K N T S T I
C N T T E V D A G M C R N H A Y
U T D U A B Z P A U M Q F G R C
R E H L N M P E T N M Y Y A E Q
I G U O E I E F U I I T P W P Z
T R S S I E M N S T F I Z G O V
A I Q E L L T P B A A U C T O R
T T D R A I X H E S W D X C C V
E A I T I T S U I R X X C I B G
M T S O L U T I O C I B Z V B V
A E E B D E X C F Z O U E E P D
L E G A T I O N E M J R M S A M
D I P L O M A T I C A E U B R G
X X T T N A I R A T I N A M U H
```

LEGATIONEM
LEGATUS
CIVES
COMMUNITAS
CERTAMEN
AUCTOR
COOPERATIO
DIPLOMATICAE
ETHICORUM

ALIENA
IMPERIUM
HUMANITARIAN
INTEGRITATE
IUSTITIA
POLITICA
RESOLUTIO
SECURITATEM
SOLUTIO

13 - Astronomie

```
A  I  X  A  L  A  G  T  H  S  U  D  I  S  N  Y
R  S  E  R  U  C  A  U  R  P  O  O  S  U  E  K
R  M  T  F  J  P  P  L  A  N  E  T  A  P  B  D
E  R  E  R  Z  K  Q  X  B  I  N  R  T  E  U  B
T  G  A  T  O  G  E  B  J  N  S  J  I  R  L  M
V  S  J  D  E  L  L  U  N  A  I  N  G  N  A  E
H  X  Q  I  I  O  O  Y  S  W  R  D  M  O  K  D
Z  W  I  R  N  A  R  G  O  G  A  U  F  V  E  I
I  J  K  O  H  E  L  O  U  F  L  B  V  A  S  O
C  A  E  L  U  M  E  I  N  S  O  M  S  O  C  R
Q  D  A  L  Z  C  A  U  S  I  S  P  I  L  C  E
A  E  Q  U  I  N  O  C  T  I  U  M  C  O  O  T
O  B  S  E  R  V  A  T  O  R  I  U  M  R  Z  S
U  N  I  V  E  R  S  I  M  F  Q  I  H  Z  T  A
Q  A  S  T  R  O  N  A  U  T  A  C  H  D  I  P
V  G  M  S  Y  I  L  R  M  I  Z  H  I  D  A  X
```

ASTEROIDEM	LUNA
ASTRONAUT	METEORON
ASTROLOGUS	NEBULA
CAELUM	OBSERVATORIUM
SIDUS	PLANETA
COSMOS	RADIALIS
ECLIPSIS	SOLARIS
AEQUINOCTIUM	SUPERNOVA
ERUCA	TERRA
GALAXIA	UNIVERSI

14 - Physique

```
N R J E P W M A S S A G K P O G
A L W Y A C C E L E R A T I O C
F E L E C T R O N U A X W Q Q X
M R E N G I N E P N O G O W W N
E V E E G C I M S I T E N G A M
C G W Q K W J O O V M F V O G O
H C R B U W Y T A E E I T B Q U
A P B A F E G A H R A E L C U N
N B A Q V B N M C S A K S F J A
I Z M R L I W C S A L U M R O F
C K Z L T D T T Y L K H N K R K
A X L W G I S A T I S N E D E T
L T A S I K C H T S V P N E G S
B Z P A M U L U B I T S E V E O
M O L E C U L O L Y S T B S T S
B Z L L E N O I T A R A P M O C
```

ACCELERATIO
ATOM
CHAOS
EGET
DENSITAS
ELECTRON
FORMULA
FREQUENCY
VESTIBULUM
GRAVITATIS

MAGNETISMI
MASSA
MECHANICA
MOLECULO
ENGINE
NUCLEAR
PARTICULA
COMPARATIONE
UNIVERSALIS

15 - Types de Cheveux

```
W  C  I  U  A  L  G  Z  D  T  Y  Q  L  S  G  N
C  T  A  D  N  A  P  Z  G  I  W  Q  H  M  V  I
Z  E  C  L  C  M  O  L  L  I  S  C  R  U  S  G
B  N  J  O  V  D  I  U  H  K  U  P  F  T  I  R
G  U  T  D  L  U  U  F  O  H  N  A  S  N  N  U
Q  I  P  N  I  O  S  U  S  S  A  R  C  E  N  M
U  S  R  A  T  C  R  A  S  I  S  Q  H  G  I  U
Q  I  F  L  O  R  O  A  G  R  A  Y  X  R  C  C
D  N  G  B  R  I  K  G  T  Y  X  R  H  A  N  C
C  E  B  U  T  S  M  Z  Z  U  A  W  S  M  I  I
D  L  N  S  I  P  D  Y  R  S  M  A  P  P  C  S
X  B  K  I  S  U  E  Y  T  T  X  Y  X  Y  S  D
P  S  Z  R  Q  S  I  V  A  L  F  H  K  X  U  L
Z  L  W  M  Y  U  B  R  O  W  N  I  Y  W  G  D
T  T  I  C  G  T  E  I  V  R  S  C  S  C  Z  X
A  E  Y  Z  B  N  B  C  P  B  E  N  D  O  Z  J
```

ARGENTUM	CRISPUS
ALBUS	GRAY
FLAVIS	LENIS
CINCINNIS	DIU
CRUS	BROWN
CALVUS	TENUIS
COLORATUM	NIGRUM
DENIQUE	SANUS
MOLLIS	SICCUM
CRASSUS	TORTIS

16 - Archéologie

```
H C I H V P A S S O K R S Z Z A
F K G Z Y G E P E R I T U S U N
M X O R U U S F O S S I L E H T
T M U I R E T S Y M K Z X H B I
A L Z D D O I R E L I Q U I A Q
H N S S H J M D O L O R D P F U
T I A Y Y W A A N N I S O K N A
X I H L M U T O N G I S G U M K
Z G J K Y H I B B O B L I T U S
R Q F T A S O X U I M R Y L L Y
K Q V N E O I B C G E F M U P U
J T M G F R K S D R T C X C M G
I N Q U I S I T O R E M T N E E
P R O F E S S O R F J I Q A T R
S U C C E S S I O I J S F U W R
A N T I Q U I T A T I S V N I G
```

ANALYSIS	FOSSILE
ANTIQUA	IGNOTUM
ANNIS	MYSTERIUM
ANTIQUITATIS	OBIECTA
INQUISITOREM	OSSA
CULTU	OBLITUS
SUCCESSIO	PROFESSOR
PERITUS	RELIQUIA
DOLOR	TEMPLUM
AESTIMATIO	

17 - Mammifères

```
S C T B T X A R U L D Q L H H V
O C L G A S C V Q R E S U W P F
S R X B V O Y W P T L X P B Y C
K X C S U U Q E Q A P E U V K G
O M P I Z R Y M Z U H M S U F Y
F G W T X H Q G U R I P I D U I
L P Q N Z G R Z R U N M N L D G
E E H A R B E Z S S I Q A E V X
P X X H O Y D A U U I W C P U J
T H V P V A R G S P T L R U L T
C B V E E R S H P O W X E S P B
N A T L S L L U L R U S G F E T
V L S E F B K L W C T E I V S K
P E Y R Q X U E P A L K T M S U
E N Z J A O I O W M K D G O I O
W A R E H T N A P C O Y O T E A
```

BALENA

FELIS

EQUUS

CANIS

COYOTE

DELPHINI

ELEPHANTIS

PANTHERA

ORCI

MACROPUS

LEPUS

LEO

LUPUS

OVES

URSUS

VULPES

SIMIA

TAURUS

TIGER

ZEBRA

18 - Mathématiques

```
F L X M U L U G N A I R T I V P
G R B W P G W J Q R C C I W U A
L X A R E A H P S I L H O J R Y
P R L C D I A M U T A R D A U Q
I G E F T K U I X H L R A X P R
S E L A M I C E D M L A E M R E
Z D L F U T O M B E H D Q A A C
R F A N U M E R I T K I U F E T
D E R A N G U L I I Z U A E D A
D E A Z X R V S Q C M S T X I N
Z I P I S S W A L A F O I P T G
S K V P E R I M E T E R O O I U
E S U I G E O M E T R I A N S L
W C P P S H P U Z E W Z C E O U
I H E Z A I V S X F H P Z N I M
D P Q M U N O G Y L O P H T K H
```

ANGULI
ARITHMETICA
QUADRATUM
DECIMALES
DIAM
DIVISIO
EXPONENT
AEQUATIO
FRACTIO
GEOMETRIA

NUMERI
PARALLELA
PERIMETER
POLYGONUM
RADIUS
RECTANGULUM
SUMMA
SPHAERA
PRAEDITIS
TRIANGULUM

19 - Sport

```
R  J  S  G  P  U  I  R  Q  O  Z  P  D  H  V  E
X  K  N  J  E  A  C  I  L  O  B  A  T  E  M  X
B  X  Z  E  D  G  T  Y  R  A  E  D  A  F  U  T
G  S  S  C  C  H  E  I  C  L  N  L  A  A  R  E
S  A  L  U  T  E  M  X  E  L  A  D  I  C  O  N
A  T  H  L  E  T  A  S  I  N  I  F  U  U  H  D
D  I  E  T  J  Q  Y  Q  R  R  T  N  R  L  C  E
Y  A  V  A  B  H  P  L  W  E  K  I  G  T  C  N
E  L  I  T  O  S  S  A  G  Z  L  Y  A  A  O  S
O  K  B  V  S  O  O  K  N  M  A  G  F  T  R  L
M  A  X  I  M  I  Z  E  I  Q  U  L  W  E  P  U
L  H  F  E  E  W  L  C  G  N  N  S  D  M  U  D
J  J  Z  C  U  M  G  F  G  D  V  C  C  I  S  I
F  O  R  T  I  T  U  D  O  C  C  T  T  U  L  S
Z  C  O  A  I  D  A  P  J  U  E  V  M  K  L  I
N  U  T  R  I  T  I  O  N  E  M  R  E  T  E  I
```

ATHLETA	JOGGING
FACULTATEM	MAXIMIZE
CORPUS	METABOLICAE
CYCLING	MUSCULI
CHORUM	NUTRITIONEM
DIET	FINIS
PATIENTIA	OSSA
RAEDA	ELIT
EXTENDENS	SALUTEM
FORTITUDO	LUDIS

20 - Mythologie

```
B A R C H E T Y P U M S V V R L
S E N O I N I P O W D Z I R M A
I X L C S X U S D N E G E L O B
L Q V L J R D S U Y P F B U N Y
A M I Z A S R J T F W U W O S R
C O N N U T C D I N U T E M T I
I R D C R G O V T I R L H F R N
G T I Q T L D R R U C O G X U T
A A C Z I Q C F O Y X Z E U M H
M L T Q N L R E F L I A M N R U
C E A V O Z E E X Y O O E F C S
Q L M P T E A M O R I B U S A O
A I A P Z L T E H N X M N M E R
Q U E D M U U C E E M F T N L E
H E G S I S R Q O A K K J I U H
N B F F B S A R U T L U C Z M Y
```

ARCHETYPUM   HEROS
CLADIS   ZELUS
CAELUM   LABYRINTHUS
MORIBUS   LEGEND
CREATURA   MAGICALIS
OPINIONES   MONSTRUM
CULTURA   MORTALE
FULGUR   TONITRUA
FORTITUDO   VINDICTAM
BELLATOR

21 - Beauté

```
C I N C I N N I S I N E L A T T
F Q G E R O F F I C I A L J X L
T A J L X O S D T S I L Y T S E
S U N E M P X M U L U C E P S P
B I W G O M L S C Y J J R G K O
A I D A G A A I T N A G E L E R
Z M G N X H V L P A X I C I A E
Z K E S V S C H O S S A L U I M
D F U T D T Y O L W T O V P T Q
M N G O H J L S L R W I H F A I
C O N V A L L I S O M O C T R V
X Z S G N E H I T C R V L K G A
S T I B I O H T I D O K R C L Q
E Q T R K M V H Q Q D S L M V E
T W T I C M X K Y S O P E V D Q
W A N T K U U O V C H V E W T B
```

CINCINNIS
LEPOREM
AXICIA
STIBIO
COLOR
ELEGANTIA
ELEGANS
GRATIA
LENIS

CONVALLIS
SPECULUM
ODOR
CUTIS
AMET
LIPSTICK
OFFICIA
SHAMPOO
STYLIST

22 - Avions

```
E B C F X Y R C S M M M S S Q C
N A D A F O S U N A A Z F W K O
G L J P S D N I D I Y A Y R M N
I L G Q K U W X Q C D L E S U S
N O K R D T S R U O Y M Y U L T
E O R E H I S T O R I A C S E R
L N F U J T U I T E C A E R A U
L J O T W L S V R F L U R E C C
I P L E M A N A U E Z K A V I T
P O R T U M E T Z Y A J G H N I
B J B C K S C N M M N G I C F O
R E K E O C S A I P H B V X L N
F N C S O F E C E S X U A L A E
M Z M N F C D A E H T U N X M D
Q H J O G U B E R N A T O R U O
V O H C T R A N S E U N T E S F
```

AER	CANTAVIT
AERIS	INFLAMUS
PORTUM	ALTITUDO
CASUS	HISTORIA
BALLOON	CONSECTETUER
ESCA	ENGINE
CAELUM	NAVIGARE
CONSTRUCTIONE	TRANSEUNTE
DESCENSUS	GUBERNATOR
VERSUS	FEROCIAM

23 - Aventure

```
I  S  N  A  T  U  R  A  L  Y  I  S  D  P  I  N
P  M  T  C  U  M  P  W  A  V  B  T  I  E  N  A
E  E  D  U  S  U  S  M  Z  I  T  I  F  R  S  V
A  N  R  O  D  R  L  E  T  R  O  F  F  E  O  I
J  O  S  I  C  I  M  A  K  T  Z  E  I  G  L  G
Z  I  I  T  C  M  U  I  D  U  A  G  C  R  I  A
M  S  T  A  X  U  S  M  R  T  I  N  U  I  T  T
U  A  I  R  B  V  L  A  K  E  E  X  L  N  A  I
U  C  N  A  P  O  P  O  L  M  V  L  T  A  E  O
D  C  E  P  K  N  V  I  S  U  N  K  A  N  N  N
H  O  R  E  I  R  E  T  C  U  T  F  S  D  N  E
R  O  A  A  Y  T  T  C  Q  V  M  E  J  U  E  M
G  D  R  R  Y  J  N  A  Y  U  D  X  M  M  E  A
D  C  I  P  P  U  L  C  H  R  I  T  U  D  O  E
V  D  U  B  N  X  A  O  O  Q  F  W  D  E  K  H
R  W  M  G  U  R  C  I  U  B  Z  D  V  Q  P  Q
```

ACTIO
AMICIS
PULCHRITUDO
VIRTUTE
FORTE
PERICULOSUM
DIFFICULTAS
STUDIUM
PEREGRINANDUM
INSOLITA

ITINERARIUM
GAUDIUM
NATURA
NAVIGATIONEM
NOVUM
OCCASIONEM
PRAEPARATIO
SALUTEM
MIRUM

24 - Ville

```
F O R U M F E B S W M C P F T T
E R O T S E L W O M U A Y G J H
G U Q O C E E O Y O J S Y M M E
E U A L H X T N R O K U T E M A
T P E P O O O R E I Z S E K A T
T V W C L J H Z L D S X T X P R
E L I T A B V H L X G T D O I U
L I B R A R Y G A H K H M X R M
Q F S K Z M M L G B X V N I L E
P O D K E J U S T A D I U M M D
D B E F K G W S B T K P Z J N J
B N Y K R C Z C E L L P C M A X
P I S T R I N U M U L D A S I C
A T Q U I J F E X M M Z Q C J O
U N I V E R S I T Y N T E X R H
R T P G Q C P T P D Q L E W Z V
```

ELIT	BOOKSTORE
RIPAM	STORE
LIBRARY	MUSEUM
PISTRINUM	ATQUI
CASU	AMET
EGET	STADIUM
SCHOLA	FORUM
FLORIST	THEATRUM
GALLERY	UNIVERSITY
HOTEL	EXO

25 - Ingénierie

```
H M A I D W A Z H J C Y W A S Z
Y A K H S T P S N V O J R G Z S
B U F I F B P J X V N H P T N M
D Q M U T F A H T V S I X A Y K
D I A L B E R O D U T I T R O F
G L S N K I A T M T R O T O M T
U A U T N Q T S U S U L U G N A
G B L C R I U O L O C N S E U P
I E U F Q I S F U Y T G T C X R
D P C L L I B M B L I J R T N O
R I L I D E N U I Z O L U W V F
O J A E B R Y I T R N I C G O U
N W C G W K B T S I E Q T B P N
C E G O R N C C E E O U U J Z D
X Y L B I A B E V E J I R C V U
A R L P G A M V V Z J D A Y O M
```

ANGULUS
AXIS
CALCULUS
CONSTRUCTIONE
DIAGRAM
DIAM
DISTRIBUTIO
ANNI
VESTIBULUM

FORTITUDO
VECTIUM
LIQUID
APPARATUS
ALIQUAM
MOTOR
PROFUNDUM
STRUCTURA

26 - Énergie

```
E  A  V  Q  I  E  Y  Z  T  G  Q  A  J  S  Y  D
J  M  Y  L  C  E  S  R  A  A  S  H  I  R  V  T
P  H  O  T  O  N  M  C  M  S  E  K  F  E  B  Q
S  P  C  A  I  I  Z  J  A  O  Y  B  O  U  V  U
B  W  D  I  N  B  J  C  P  L  E  M  O  T  O  R
P  M  C  I  G  R  D  A  E  I  N  E  R  E  I  A
A  D  G  R  B  U  T  S  L  N  T  N  E  T  N  E
T  U  N  O  R  T  C  E  L  E  R  V  N  C  D  L
P  O  L  L  U  T  I  O  E  V  O  I  E  E  U  C
C  C  O  A  X  M  B  L  N  S  P  R  W  S  S  U
M  A  S  C  L  A  B  K  T  V  Y  O  A  N  T  N
Y  O  R  P  U  G  N  A  E  E  X  N  B  O  R  S
W  B  B  B  R  M  O  N  S  N  U  M  L  C  I  H
I  W  L  L  O  Z  C  H  Q  T  N  E  E  L  A  L
P  S  E  C  I  R  T  L  U  U  M  N  A  I  X  L
A  X  T  F  W  T  J  X  E  S  N  T  X  E  U  J
```

PUGNA   CONSECTETUER
CARBO   INDUSTRIA
ESCA   MOTOR
CALOR   NUCLEAR
PELLENTESQUE   PHOTON
ENTROPY   POLLUTIO
ENVIRONMENT   RENEWABLE
GASOLINE   SOL
ULTRICES   TURBINE
ELECTRON   VENTUS

27 - Corps Humain

```
Y I A E M A X I L L A M D M G F
D Z D C D W N M Y E B A Y E B A
K C M M U R B E R E C N V N T C
A M T E N B P U L F J U X T A I
C U N M E N I U G N A S O U E E
J H J T G C C T Q V M A V M U M
L C O V B U L Y U O M E N S C Z
R A S T C T V Q Q S I M E U I H
N M B C Y I D Z K R C O L L U M
A O A I Q S Z N J A E X D D W D
R T U P A C I H Q T V O I E G I
I S K A A C W R H U M E R U M G
B K Y L O Q D O U L S A X E B I
U S E A F M B C R A T O X O V T
S V K L A I U L D Z G C C R T U
I V G R R E W K M Y Z X E E X S
```

ORE
CEREBRUM
TARSO
COLLUM
CUBITUS
COR
DIGITUS
STOMACHUM
HUMERUM
GENU

LABIA
MANU
MAXILLA
MENTUM
NARIBUS
AURIS
CUTIS
SANGUINEM
CAPUT
FACIEM

28 - Biologie

```
H  I  I  R  M  P  R  E  P  T  I  L  E  U  A  E
M  O  D  N  O  Y  R  C  E  L  L  I  W  P  M  N
A  S  R  O  S  I  L  A  R  U  T  A  N  C  S  Z
M  Q  X  M  R  U  R  N  E  G  A  L  L  O  C  Y
M  V  A  G  O  I  D  E  M  G  V  E  N  G  N  M
A  K  T  Y  V  N  V  M  U  R  R  E  A  Q  M  E
L  X  J  H  O  Q  E  B  T  H  F  E  L  A  J  J
D  A  P  I  B  U  S  R  A  O  K  Y  S  G  E  Y
S  Y  Z  B  J  U  I  Y  T  I  D  P  Y  S  R  L
P  P  M  Z  M  X  S  O  I  D  R  I  H  X  U  G
E  N  N  T  J  A  O  N  O  R  U  E  N  M  B  S
C  D  U  U  Z  T  M  M  N  E  H  A  T  W  P  L
I  E  Y  L  U  I  S  L  I  W  C  U  T  C  G  P
E  H  X  Q  U  U  O  Y  S  U  V  R  E  N  A  Y
S  S  Y  M  B  I  O  S  I  S  F  T  X  Z  H  B
B  E  H  A  N  A  T  O  M  I  A  A  V  W  B  G
```

ANATOMIA	MAMMAL
BACTERIA	MUTATIONIS
CELL	NATURALIS
COLLAGEN	NERVUS
EMBRYO	NEURON
ENZYME	OSMOSIS
SPECIES	DAPIBUS
PRAEGRESSUS	REPTILE
HORMONE	SYMBIOSIS

29 - Épices

```
F A R A M A E P W A Q F I W A U
V A M H O P J A X F Q M K B F F
A P E O U E I P C V X N B Y E E
N Y A N M C K R R E B I G N I G
I L I P I U C I O S A P O R E M
L S T Q A C M K C A L L I U M P
L B I T F D U A N M F I W V Z
A Y R R U C R L S U U V Z Y M C
J F I M A W N A I N C T Q O P O
D D U L C X U S K G S P M T Q R
V D Q W I X F K U C Y U C E J I
R U I V D P I P E R N R I O G A
N L L E U T I M C I M U F L G N
K C Y P M G J H J O Q S W C P D
L I A N E T H U M W E O K E L R
Y S O I G C E P T B V D D W D I
```

ACIDUM   NUTMEG
ALLIUM   CEPA
AMARA   PAPRIKA
ANETHUM   PURUS
AMOMUM   PIPER
CORIANDRI   LIQUIRITIAE
CURRY   CROCUS
DULCIS   SAPOREM
FAENICULI   SAL
GINGIBER   VANILLA

30 - Agronomie

```
C  S  E  N  V  I  R  O  N  M  E  N  T  H  X  Q
R  Q  J  H  O  B  V  E  S  T  I  B  U  L  U  M
R  N  C  T  A  R  U  T  L  U  C  I  R  G  A  E
F  H  G  U  B  O  Q  N  R  S  E  M  I  N  A  D
C  V  F  O  P  M  S  T  Q  U  T  O  Y  S  N  I
S  T  U  D  I  U  M  Y  A  O  S  I  C  K  Q  W
B  K  E  P  O  M  S  E  R  E  P  T  J  N  K  M
T  X  H  C  H  A  D  X  K  C  R  U  I  K  S  C
A  Q  U  A  C  K  I  E  M  O  O  L  S  C  L  A
N  Z  I  C  R  I  X  S  X  L  D  L  C  J  U  P
I  A  T  C  A  P  B  A  U  O  U  O  I  H  W  S
M  U  T  N  E  M  G  U  A  G  C  P  E  L  E  V
U  C  Q  F  S  N  Z  J  M  I  T  A  N  P  A  T
G  B  V  Z  E  O  O  Y  M  A  I  S  T  T  X  K
E  F  P  D  R  B  M  Z  U  C  O  O  I  T  A  R
L  S  T  E  R  C  O  R  A  T  O  V  A  Y  B  Z
```

AGRICULTURA	IDEM
AUGMENTUM	LEGUMINA
AQUA	MORBI
STERCORAT	CIBUM
ENVIRONMENT	POLLUTIO
OECOLOGIA	PRODUCTIO
VESTIBULUM	RESEARCH
EXESA	RUSTICUS
STUDIUM	SCIENTIA
SEMINA	RATIO

31 - Science

```
M D A E M Y O W L S B P G M A N
N O U F H H U A H K A A A U K F
A J L R R N N N N W R R U T E A
T E G E L I S S O F I T V N M Z
U S H Y C A C Z Q B N I L E A C
R U K Q B U Q Q X A D C A M C V
A S D A W V L M O T A U Y I I F
E S O T I Z U I O A L L N R S L
F E V H O I Z G S D L I F E Y O
G R A V I T A T I S U S U P H J
B G V K Q R U W T E N S E X P G
V E H R T S I T N E I C S E E D
T A V S U B I L A R E N I M J J
D R B Y S M H Y L A R G H A T Q
E P J H X I I Q P U J V C O T Q
O O B S E R V A T I O N E O R T
```

ATOM
EGET
CAELI
DATA
EXPERIMENTUM
PRAEGRESSUS
EO
FOSSILE
GRAVITATIS
RUM

NULLA
MODUS
MINERALIBUS
MOLECULIS
NATURA
OBSERVATIONE
PARTICULIS
PHYSICA
PLANTIS
SCIENTIST

32 - Vêtements

```
M  K  R  G  B  S  B  R  A  C  C  A  E  J  N  S
S  T  O  D  W  H  A  R  M  I  L  L  A  M  U  A
O  Y  L  E  D  I  E  G  Y  Q  W  W  C  E  L  N
R  Q  G  B  H  R  T  M  Y  Q  F  R  B  P  L  D
Q  X  D  E  O  T  A  O  C  I  Z  J  G  Y  A  A
M  K  P  H  S  A  M  A  J  A  P  E  Y  G  N  L
M  V  D  H  G  H  W  E  C  R  M  W  U  K  E  I
T  I  B  I  A  L  I  A  C  M  U  E  O  C  C  A
C  H  L  A  M  Y  D  E  M  O  L  L  U  T  C  G
C  C  M  O  N  I  L  E  K  R  U  R  X  M  M  X
F  A  C  Q  H  M  E  W  S  E  G  Y  A  S  X  P
C  R  E  F  O  A  L  A  C  I  N  I  A  D  M  B
L  J  P  S  C  F  B  D  H  L  I  G  Y  N  L  X
A  E  X  K  T  P  S  I  Z  Q  C  E  R  K  J  M
P  H  F  S  H  U  R  E  T  A  E  W  S  U  L  A
J  A  C  K  E  T  S  E  S  U  O  L  B  C  P  L
```

JEWELRY	CAESTUS
ARMILLAM	LACINIA
CINGULUM	COAT
HAT	MORE
TIBIALIA	BRACCAE
NULLA NEC	SWEATER
SHIRT	PAJAMAS
BLOUSE	HABITU
MONILE	SANDALIA
CHLAMYDEM	JACKET

33 - Arts Visuels

```
J  H  M  K  A  C  P  A  L  M  A  R  I  U  S  I
X  F  A  U  V  V  O  P  D  U  I  S  A  T  E  X
S  T  E  N  C  I  L  M  E  P  H  P  S  V  F  K
Z  I  P  B  R  N  X  U  P  N  K  C  I  Y  F  J
M  F  Z  A  G  Z  S  T  T  O  D  G  X  T  I  K
P  T  T  K  H  I  M  U  E  E  S  Y  L  F  G  C
Y  B  M  Q  Z  S  W  L  M  B  F  I  K  L  I  R
A  R  U  T  C  E  T  I  H  C  R  A  T  F  E  E
R  O  I  G  R  A  P  H  I  U  M  P  J  I  S  T
U  T  R  X  C  A  R  B  O  N  E  S  P  A  O  A
T  I  A  R  E  C  G  T  M  E  H  I  B  E  V  Z
C  U  S  K  Z  F  P  H  O  T  O  G  R  A  P  H
I  M  S  D  D  A  I  W  V  O  Q  R  U  T  E  K
P  R  O  S  P  E  C  T  U  M  H  M  X  J  X  L
T  D  L  K  M  Q  R  P  R  Z  M  B  Z  N  L  S
E  M  G  S  R  K  M  O  E  A  I  L  D  U  B  B
```

ARCHITECTURA	GRAPHIUM
LUTUM	GLOSSARIUM
ARTIFEX	DUIS
CARBONES	PICTURA
PALMARIUS	PROSPECTUM
OTIUM	PHOTOGRAPH
CERA	STENCIL
COMPOSITIO	EFFIGIES
CRETA	PEN

34 - Méditation

```
S  J  C  H  B  L  U  X  V  S  I  T  N  E  M  M
P  Z  E  M  P  A  A  I  F  T  L  Y  I  N  U  I
I  A  R  U  T  A  N  R  L  A  T  J  T  O  T  S
R  X  B  S  S  T  C  X  F  T  R  H  O  I  C  E
A  T  W  I  L  D  Y  E  I  U  A  C  P  T  E  R
N  T  G  C  J  O  D  V  M  R  N  L  E  A  P  I
S  C  O  A  H  H  C  A  P  A  Q  A  R  V  S  C
M  O  T  U  S  M  E  N  S  M  U  R  A  R  O  O
A  C  C  E  P  T  I  O  G  G  I  I  M  E  R  R
A  F  F  E  C  T  U  S  R  M  L  T  K  S  P  D
H  A  B  I  T  U  S  T  A  D  L  A  I  B  X  I
B  C  E  S  V  P  V  E  T  D  I  S  A  O  A  A
U  M  U  I  T  N  E  L  I  S  T  T  A  B  V  M
A  W  Q  G  F  W  E  L  A  I  A  C  R  S  T  H
J  Q  N  T  M  A  L  K  P  C  S  A  B  G  H  N
M  I  S  E  R  I  C  O  R  D  I  A  G  W  P  J
```

ACCEPTIO   MENTIS
OPERAM   MOTUS
TRANQUILLITAS   MUSICA
CLARITAS   NATURA
MISERICORDIA   OBSERVATIONE
MENS   PACEM
AFFECTUS   PROSPECTUM
MISERICORDIAM   STATURAM
GRATIA   SPIRANS
HABITUS   SILENTIUM

35 - Littérature

```
C A R M E N Y C S O A L S X C I
S I M I L I T U D O Q U V M O D
F A B E L L A Z R T I P C Z M I
C I Y R L E C M R V I J N V P A
O D D A E Y D P B M B W F D A L
N E N D L O T K Y U X A I E R O
C O Z R G R Q S J T O G T S A G
L G V O S E N T E N T I A C T U
U A O C O M N O V E Q Q G R I S
S R Z N J U Y M A M I M N I O F
I T U O O N I I U F S U P N O
O E I C B M A D C G Y M V T E Z
A N A L Y S I S T R R V Q I X Z
P O E T I C A N O A O I J O F O
X T Y C O R U L R W J T U N J V
M E T A P H O R A Q N A M A N M
```

SIMILITUDO	METAPHORA
ANALYSIS	SENTENTIA
FABELLA	CARMEN
AUCTOR	POETICA
VITA	CONCORDARE
COMPARATIONE	NOVE
CONCLUSIO	NUMERO
DESCRIPTION	STYLE
DIALOGUS	ARGUMENTUM
FICTA	TRAGOEDIA

36 - Nourriture #1

```
Y V F R A G U S T I L E P I E L
F P L A Z U Z L M U E D R O H E
B F D P P A A S N O N D Q O F M
A M E A R E S S I A P A F V V O
S U L U P A C L P V I T K U J N
I G H T N P W P U A R Z Z Q M L
L A S H P S U E Z S U Y T H G N
I R S A L L O R X L M Z L C J W
U F D M Q D Q S U C U S L A C U
S L K A J F S I R R B N V N P H
R X E S U T H C D B I F Q I T M
I O A V T C X U Z D C V Q P A Y
F I M Q J M U M U I L L A S E M
Z G K M C O Z S V F Y O F J B S
L Q V S G O K V W X P B N M W T
J Y U Q U Q X I F V N W C N F F
```

PERSICUM   RAPA
ALLIUM   CEPA
BASILIUS   HORDEUM
CAPULUS   PIRUM
DAUCUS   SEM
LEMON   SAL
SPINACH   ELIT
FRAGUM   SUGAR
SUCUS   TUNA
LAC   CIBUM

37 - Jours et Mois

```
E Y Z Z M A Q B F P F R F E V C
M A R T I I J D F I W P B H E M
A D M A U Q I L A E S N E M N E
P R O V U N K S Q W B L K Z E S
R U J M S N T X K E S R I I R S
I T H N I A A O Z D E A U X I G
L A R E E N U J A N P D J A S X
I S D E A J I W K E T N U E R Z
S M A R T I S C N S I E L M E Y
A U G U S T P C A D M L Y O B D
Y J J O V I S C W A A A T N M Z
C W A F E E C E I Y N C V D E K
N O V E M B E R A Z A N R A T F
H J F E I I L O B Q M F I Y P E
W F U L R T X Q A Q F G U V E E
M P V E T H O I X F W K F T S K
```

AUGUST
APRILIS
CALENDAR
DOMINICA
FEBRUARY
JANUARY
JOVIS
JULY
JUNE
MONDAY

MARTIS
MARTII
WEDNESDAY
MENSE
NOVEMBER
ALIQUAM
SATURDAY
SEPTIMANA
SEPTEMBER
VENERIS

38 - Jardinage

```
P T Z Q B G T G M S D Y X S F V
C G R C A L X Q H X V D V H L D
C L B A C I N A T O B M N B O X
X L X N E O T U L D R A H C R O
L G B I G O N K R Z Z Y F O A G
B Q N M D W C T A H I X I R L I
F S T E R C U S I L U D E H I X
W L E S O H L X Z N F L O S B R
Q Z O S M Z J K C E E Q L U U V
R T O R U F O L I U M N O G S S
A Q M R E D N O R F J R S B Y P
O Q F G E B A O H C C I T O X E
V T U J Y J I B U N Q L Z Q Q C
V T Y A I Z F T T D C W Q P F I
A D I P I S C I N G F N N P G E
C A E L I J J K X D N S L J S S
```

BOTANICA	FLOREBIT
FLOS	FLORALIBUS
CAELI	SEMINA
EDULIS	UMOR
STERCUS	CONTINENS
AQUA	ADIPISCING
SPECIES	LUTO
EXOTIC	SOLO
FRONDE	HOSE
FOLIUM	ORCHARD

39 - Entreprise

```
T A B E R N A M H S G A D U U M
D I G N I S S I M A W U F L P O
O B B R J F F H E L M I K U P L
Z N K : A A T X T E L M S H J E
R B C O I L K H B Z B U U E W S
B P P C D X Q X E Z D I C T C T
A D H I B E P C E S E C R E M I
U F O D B T P E C U N I A G H E
F F I N A N C E L T N F P D K C
A Æ B L C B V Y L P P F B U K U
C T R I B U T A U M J O U B U D
T E Z N U T Y Q C U Q D C Z I K
O N D R V J K M R S U T I D E R
R O L O D Y U X U U V C V T A L
Y M J D H A E G M B V Z O U W E
C U R R I C U L O S R C K A E R
```

PECUNIA
TABERNAM
BUDGET
OFFICIUM
CURRICULO
SUMPTUS
MONETÆ
DICO:
MOLESTIE
DOLOR

PARCUS
FINANCE
TRIBUTA
DIGNISSIM
MERCES
LUCRUM
REDITUS
ADHIBE
FACTORY
SALE

40 - Activités

```
M  L  E  C  T  I  O  D  K  U  Z  T  W  H  S  B
L  S  N  S  A  I  G  A  M  W  J  K  W  M  C  B
R  L  O  N  U  O  F  J  W  Y  E  W  C  Y  B  L
S  P  I  E  Q  K  N  I  T  T  I  N  G  Q  K  U
U  V  T  L  E  V  O  L  U  P  T  A  T  E  M  D
T  C  A  H  S  X  Z  Q  F  E  L  D  S  P  S  O
U  G  N  I  N  E  D  R  A  G  F  G  H  Z  C  S
R  O  E  H  O  A  C  T  I  O  V  I  I  A  T  R
A  V  V  C  H  Q  K  P  P  O  T  I  U  M  C
I  A  Z  R  C  A  E  H  I  E  I  V  S  M  P  A
D  N  R  Q  F  B  R  L  S  E  D  C  E  R  P  S
S  A  I  T  Y  N  V  Q  C  C  N  J  T  G  Y  T
C  P  W  B  E  G  T  P  A  B  P  C  R  U  O  R
C  O  M  M  O  D  I  S  N  G  B  E  A  L  R  A
P  N  T  I  I  M  G  X  D  R  Y  T  Y  E  X  A
G  K  Z  K  Z  U  K  L  I  X  P  Q  S  C  S  P
```

ACTIO
ES
ARTES
CASTRA
VENATIONE
ARTE
SUTURA
COMMODIS
GARDENING

LUDOS
LECTIO
OTIUM
MAGIA
PICTURA
PISCANDI
CONSEQUAT
VOLUPTATEM
KNITTING

41 - Fleurs

```
G R R O Q J B N A E N E A T Z H
V B B R F O Z Y G X C F I A V E
G H V C P L U L L L C I L R P L
R U R H E E O M A W W L O A Q I
N G E I T E A S O R L I N X A A
C B W D A W I U P E H X G A M N
N N O G L T R S H V S Q A C U T
T R L I O J E S O A L Z M U I H
O G F E R P M I T P P E M M L U
D X N S U Q U C I A S M H U O S
M A O H M N L R S P K B M F F L
B I I V M T P A G A R D E N I A
V J S S Q I J N I I K O Q X R P
P N S D Y H I B I S C O K D T V
S S A L I L I U M K A B E K F P
I Y P T U L I P A I J C J S J I
```

FLOS
GARDENIA
HIBISCO
AENEAN
NARCISSUS
CASIA
LILIUM
MAGNOLIA
DAISY
ORCHID

PASSIONFLOWER
PAPAVER
PETALORUM
TARAXACUM
AGLAOPHOTIS
PLUMERIA
ROSA
HELIANTHUS
TRIFOLIUM
TULIPA

42 - Nourriture #2

```
C E U W U N M U R O G N U F V S
D Y A Q L J L T K V Z Q K L I N
N L L C M L I X Q U A Y O V G W
L E G P I S C E S M E N A P I H
I C E S C E L E R I S Q U E L P
J R N G U D X N Z B U P X C A X
N W T N A L P G G E S U J I N Y
M B E X R T M U I P A L K R T M
K A M P D A P V K Y R L A B E S
F V N T N O F A X C E U U D M Y
O A H G W S U R X A C M A P D O
C N I A O R B C U C A A O U W Z
D W B F M H B W Z T X P D B S G
D T R I T I C U M U E P P L F J
P E R S I C U M U S S A X L R Z
K I W I O N B L H M N S C M E R
```

VIGILANTEM
CACTUS
EGGPLANT
TRITICUM
ALGENTEM
CERASUS
APIUM
FUNGORUM
SCELERISQUE
HAM

KIWI
MANGO
OVUM
PANEM
PERSICUM
PISCES
APPLE
PULLUM
UVA
RICE

43 - Algèbre

```
P  C  T  J  Z  M  K  S  Y  O  S  I  Y  E  F  I
P  V  C  F  M  F  A  O  A  Z  I  E  I  X  O  N
A  S  O  L  N  N  H  L  D  U  L  P  J  P  R  F
R  E  F  D  A  L  L  U  N  U  I  F  P  O  M  I
E  U  C  L  I  L  K  T  P  Y  B  I  T  N  U  N
N  Z  Q  M  S  A  T  I  T  N  A  U  Q  E  L  I
T  D  S  U  U  S  G  O  W  R  I  G  E  N  A  T
H  J  U  X  H  D  W  R  T  N  R  V  L  T  G  A
E  A  R  J  G  A  J  M  A  W  A  B  V  Q  K  L
S  A  E  M  A  T  R  I  X  M  V  C  S  N  Q  C
I  L  M  Q  Z  A  C  O  I  T  S  E  A  U  Q  V
S  I  U  M  U  N  O  I  T  C  A  R  T  B  U  S
D  Q  N  J  U  A  V  Q  G  C  F  A  L  S  U  M
Q  U  M  D  I  R  T  F  P  I  A  I  M  Q  I  D
H  A  L  D  Z  A  F  I  D  C  J  F  Y  T  N  K
K  M  S  L  Q  P  S  V  O  I  T  C  A  R  F  E
```

DIAGRAM	NUMERUS
EXPONENT	PARENTHESIS
AEQUATIO	QUAESTIO
FACTOR	QUANTITAS
FALSUM	ALIQUAM
FORMULA	SOLUTIO
FRACTIO	SUBTRACTION
INFINITA	VARIABILIS
MATRIX	NULLA

44 - Océan

```
A B T U W H V X K F P G Z L G K
U L A I G N O P S L O V K I R K
C F G L F P B N E U L O L M Q A
L A K A E G V O C C Y I D B W I
T L N S E N X A S T P M N M V G
L L P C R S A Z I U U V M W E U
A I V L E K N T P S S T Z X E Z
N U K N P R U T R U T E Y W Q A
N G I J X I T M C D P M Q C O X
A N E Z S Q J K P E C P K U A F
V A L L I U Q S R L A E H Z A O
I X G R R V R T P P E S V K B W
O S T R E A C X Z H A T A O W P
C O R A L J M Y T I P A I C D I
S H A R K Y C P D N R S G P T L
J E L L Y F I S H I Z K M E J N
```

ALGA
ANGUILLA
BALENA
NAVI
CORAL
CANCER
SQUILLA
DELPHINI
SPONGIA
OSTREA

JELLYFISH
PISCES
POLYPUS
SHARK
REEF
SAL
TEMPESTAS
TUNA
TURTUR
FLUCTUS

45 - Antiquités

```
R Q Q D S V O E H T S T Q L W S
U E V S C E L Y T S F U S N N U
U I S U Y R E L L A G V O K E P
E I T T C A T I L O S N I I C E
J O I E I M B U V X D C V S E L
P R I V M T P R E T I U M C N L
E I K P A D U S L S A T I O T E
H M C Q L S C T M M G J A N U C
E A C T L S D I I O Z A L D R T
L H P I U L O A S O V T T I Y I
A Y C C N R Q Q S X N C L T R L
C O I N S G A N I Z O E V I L E
D E C A D E S E N W I L M O E M
E L E G A N S H G W N C E S W B
Q U A L I T A S I X Q W R H E C
C V P X Z N W Z D P J M I Q J N
```

ES	DIGNISSIM
ITEM	SUPELLECTILEM
VERAM	PICTURAE
JEWELRY	COINS
CONDITIO	PRETIUM
DECADES	QUALITAS
NULLAM	RESTITUTIONEM
ELEGANS	CENTURY
GALLERY	STYLE
INSOLITA	VETUS

46 - Boxe

```
R U K F S F V E G T O A V G G C
T A F B H S O W C R E I E M S U
G H L R S U I R A S R E V D A B
L I W W A C Q F T I M T R T D I
X F T O I O Y F I I U J T B P T
P P A O R F P U J H T B O F B U
A T C N U P Y Q R P N U V K E S
M R O Q I C V X O L E V D O L F
P H T U N A A L T O M H M O L U
C D S E I E E R A R T I C L A C
O U X K N S W D N S E N U F A L
R V R F M T N Z G Y S M V R N O
P X V N T U M V U A D U V U G E
U N C R G S G H P W Y L S Q U X
S R E F E R E N D A R I U S L Y
A N M H T P U G N O U G K P O S
```

ADVERSARIUS

CUBITUS

REFERENDARIUS

CALCITRARE

INIURIAS

LASSUS

BELL

FORTITUDO

ANGULO

CAESTUS

PUGNATOR

MENTUM

ARTE

PUGNO

FOCUS

PUNCTA

FUNES

VELOX

CORPUS

47 - Réchauffement Climatique

```
G M H G J D W A P J E I Q F A I
E C Z K Q F G P O J I E A G P N
N G T U W U Z G P J D I P Q S T
E T G Q U T R H U J D W F D I E
R S Y P O U N W L T G X L A R R
A I N A M R Z C I T C R A F U N
T T D Y E U P F C N U N R J T A
I N C P L M C Z M A U Q I L A T
O E O O P E R A M I E R M H R I
N I N E M I R C S I D L U L E O
E C S E N O I T A T U M I B P N
S S E G E L L O C A T B R W M A
Q G Q L D C P L X J U E E D E L
E M U L U B I T S E V U P N T J
W R A I R T S U D N I H M A E A
A J T M W W E M D A T A I A L E
```

ARCTIC
OPERAM
MUTATIONES
CAELI
DISCRIMEN
CONSEQUAT
DATA
ALIQUAM
FUTURUM
VESTIBULUM

GENERATIONES
IMPERIUM
LOCA
INDUSTRIA
INTERNATIONAL
LEGES
NUNC
POPULI
SCIENTIST
TEMPERATURIS

48 - Ballet

```
G  A  R  T  S  E  H  C  R  O  U  R  M  Z  K  K
M  U  R  O  C  E  D  I  S  M  P  U  P  V  J  T
U  N  S  T  Y  B  L  U  R  P  R  S  B  V  W  M
D  S  E  E  I  L  U  C  S  U  M  U  M  C  J  L
N  T  H  S  X  S  E  N  O  I  T  C  E  L  F  Y
E  Y  D  Y  H  P  A  R  G  O  E  R  O  H  C  D
S  L  X  K  S  G  R  M  G  V  E  A  S  M  Z  X
N  E  T  P  G  M  Z  E  Z  K  E  S  O  L  O  A
E  V  L  M  E  N  O  I  S  N  E  T  N  I  R  U
C  X  J  E  K  G  S  R  K  S  R  P  K  E  E  D
E  Z  K  R  V  I  E  V  C  E  I  Y  O  W  M  I
R  M  U  S  I  C  A  S  M  R  B  V  X  J  U  T
A  F  J  Y  W  R  T  E  T  N  B  C  U  W  N  O
R  U  T  M  W  J  E  U  I  U  Y  E  Q  M  A  R
T  F  C  O  M  P  O  S  I  T  O  R  E  D  R  E
E  Z  X  I  S  A  L  T  A  T  O  R  E  S  S  S
```

ARTIS	MUSCULI
CHOREOGRAPHY	MUSICA
ARTE	ORCHESTRA
COMPOSITOR	USU
SALTATORES	AUDITORES
EXPRESSIVUM	RECENSENDUM
GESTU	NUMERO
DECORUM	SOLO
INTENSIONEM	STYLE
LECTIONES	ARS

49 - Fruit

```
V O R L M D N D P X K A X F E G
E G H E N I R A T C E N U J H C
C N U M U R I P P A D T R S M Q
K A G O U A Z V J R E D P L V Y
P M N N S V C F Y V C K U A V P
G I B T S U A O S F U I S E I E
U C N Z A S U E A D I S U B U R
A H B E J L V Q C I W I S W E S
V O O D A C O V A M I M A G L I
A W Q O G P I U B S K U R G Y C
P R U N O L P X P O V C E C U U
B E R R Y C M L W E S U C I F M
P A P A Y A D F E S U C N O H R
S K T A Z E G M T E D F Y J R T
L D S N J M P U C P C A K J Z R
A P P L E F X C E K O G X I J P
```

PINEAPPLE	MANGO
AVOCADO	CUCUMIS
BERRY	NECTARINE
CANTALOUPE	RHONCUS
CERASUS	PAPAYA
LEMON	PERSICUM
FICUS	PIRUM
RUBUS IDAEUS	APPLE
GUAVA	PRUNO
KIWI	UVA

50 - Musique

```
N H A R M O N I A B N Q S O P L
A L B U M T K P H L A C I R Y L
C L A S S I C A L Z E A Y E P V
M U T N E M U R T S N I S M K O
V E S T I B U L U M I Q U U C C
M Y J X V I S M M Q A F R N S A
U O D R Z C W K N O Z D O P F L
C O S H Q C C P M I T L H U F I
I A N L P M F L M U S I C U S S
S F N U Y H G N I D R O C E R W
U S Z T Z Z Y S P G C M M Z O U
M Y X V A L V O L F U A U Z T P
S P A C I T E O P E Y L F I N B
C Y B L R Q E T C E K O A G A A
W I N U M E R O S A R J W M C B
C O N C O R D I A V P A O O C N
```

ALBUM	LYRICAL
NAENIA	CANTATE
CANTOR	LIGULA
CHORUS	MUSICUM
CLASSICAL	MUSICUS
RECORDING	OPERA
CONCORDIA	POETICA
HARMONIA	NUMERO
VESTIBULUM	NUMEROSA
INSTRUMENTUM	VOCALIS

51 - Météo

```
A S L T Q X P V Y Q U I V C D Q
S U S W M P I X X L U W I A N N
A T R F U A J R O T R O T L W O
F N A A C E P E F R M O T I Y W
F E L X C A T Y L A H O R G T V
P V O Z I S E B U N S B O O O K
C D P X S I A L O Q I D P N N T
K A T Q K R L O I U C U I Q I M
Q J E I O U L W J I E F C H T Q
J R T L Z A E J I L U Y A B R H
S B Q O U M C R W L T L L F U T
A E R I S M O I Y I N G T U A X
N X R J X T R S A T S E P M E T
T L E E I X P Z S A I S E T E Q
S I C C I T A T E S T U R B O N
A P G Z Q J S J D A E D W J P Y
```

MAURIS
AERIS
AURA
CALIGO
TRANQUILLITAS
CAELUM
CAELI
ICE
ETESIA
NUBES

PROCELLAE
POLAR
SICCUM
SICCITATE
TORTOR
TEMPESTAS
TONITRUA
TURBO
TROPICAL
VENTUS

52 - Gouvernement

```
C M E N O I T A T U P S I D K A
I I S E U R C F G W P F F P A O
U P U W M W A I T A R C O M E D
D O T I U E I T N I U R A U S C
I L A E T S T C I U Z R G N P O
C I T R N A I L A O L L D G O N
I T S N E T T R G L F L M I D S
A I S Q M I S E F I F O A S U T
L C U X U L U W M B B S P C M X I
I A B H N A I O C E K A Y O A T
S N E G O U N H F R L R X F E U
I N E H M Q D W O T E F Q R U T
C N O D O E L J A A X S D D T I
A U D M M A N X Z T X Y G C M O
P C I V I L I S O E N G E W T D
K H F I K Q G F T M D X A R R S
```

CIUITATEM	IUDICIALIS
CIVILIS	IUSTITIA
CONSTITUTIO	DUX
DEMOCRATIA	LIBERTATEM
ORATIO	LEX
DISPUTATIONEM	MONUMENTUM
NULLAM	GENS
IURA	PACIS
AEQUALITAS	POLITICA
STATUS	SIGNUM

53 - Randonnée

```
C  J  P  R  A  E  P  A  R  A  T  I  O  L  L  R
D  A  I  L  A  M  I  N  A  R  H  L  X  A  B  J
U  W  S  I  C  R  A  P  M  U  M  E  T  P  H  B
K  G  U  T  O  J  M  E  C  T  H  A  G  I  M  L
N  D  S  T  R  R  F  E  R  A  Y  C  M  D  O  L
L  H  S  E  Y  A  I  R  F  N  L  B  W  E  N  T
Y  P  A  M  D  N  H  E  F  T  Y  A  R  S  T  S
K  U  L  P  A  U  S  U  N  R  E  B  A  T  E  D
T  W  V  E  G  N  C  Q  W  T  A  Q  U  A  M  O
J  Y  M  S  G  S  P  E  H  I  A  R  I  Z  V  P
W  Z  Y  T  S  M  Q  L  S  I  E  T  R  J  R  Q
E  W  D  A  G  R  A  V  I  S  R  Y  I  C  A  Y
A  U  C  S  R  C  U  L  M  E  N  J  M  O  D  I
W  S  O  L  U  P  M  A  I  Z  X  M  C  A  N  K
A  P  K  P  E  P  O  P  D  A  R  W  K  K  Y  U
J  W  U  E  B  A  N  X  M  Y  V  O  Z  X  J  F
```

ANIMALIA	MONTEM
TABERNUS	NATURA
CASTRA	ORIENTATION
MAP	PARCIS
CAELI	LAPIDES
AQUA	PRAEPARATIO
LASSUS	FERA
DUCES	SOL
GRAVIS	CULMEN
TEMPESTAS	

54 - Art

```
D S O X G U M W O I C W S E Z I
W U O A N X T Y R W O Z U X N H
B B X S E E L Q I N M I R P I R
T I B J K L O E G T P E R R W P
E E K T A P W H I H O L E E Q M
L C C F O M W A N Z S Z A S X D
L T V K B O E R A Z I H L S L V
U U D A F C B T L N T T I I D F
S M L A N I M R A C I B S O W H
M L U R S E P E P Z O R M J R S
I R W U E I W P V I S U A L P M
M P S G W D G W M G P L L P A J
O A L I O A D N N O R O L R U U
C X E F X Q U H U B O G L W N H
I N S P I R A T I M S D N Q D B
Z P I C T U R A E S V B J M C T
```

TELLUS
COMPLEXU
COMPOSITIO
PERTRAHE
EXPRESSIO
FIGURA
AMET
MOOD
INSPIRATI

ORIGINAL
PICTURAE
ALIO
CARMINA
SUBIECTUM
SURREALISM
SIGNUM
VISUAL

55 - Nutrition

```
T W N X V E G P H V K C S Q P D
A Z W R X D U D O C D M E U T N
Q F Z V U F X B C N L E R A K L
M H E K B G G F B W D T V L H H
C L A R F C Z K J A M U O I L N
Z E W Z M U T A R B I L S T F J
L U R N Q E D X O X J A R A M A
Z R F I W L N I X O T S Y S M U
A R O M A T A T L I Q U O R E S
Z B X N H T G S U T I T E P P A
Y C A V S E N V K M Z J V Z O V
G M E N O I T C O C N O C H A J
O B J X D D L V I T A M I N U M
O U Q N G U S U N A S J T P C F
G N I C S I P I D A X X U B U N
S M R W S A P O R E M U Z T R B
```

AMARA
APPETITUS
ADIPISCING
EDULIS
DIET
CONCOCTIONEM
AROMATA
LIBRATUM
FERMENTUM

LIQUORES
PONDUS
SERVO
QUALITAS
SANUS
SALUTEM
SAPOREM
TOXIN
VITAMINUM

56 - Créativité

```
I  R  D  I  G  O  D  I  T  T  A  A  Z  E  F  L
Z  M  U  T  I  U  T  N  I  H  P  R  H  P  V  L
F  E  A  E  N  A  T  N  O  P  S  I  T  R  A  C
L  N  H  G  V  I  S  I  O  N  E  S  Q  E  W  Q
U  O  R  O  I  S  S  E  R  P  X  E  M  U  O  L
I  I  S  M  E  N  O  I  S  S  E  R  P  M  I  S
D  S  Q  K  C  V  A  V  I  T  A  L  E  C  T  U
I  N  Q  X  M  K  F  T  C  L  A  R  I  T  A  S
T  E  T  T  Q  U  X  H  I  L  K  M  R  U  R  O
A  T  L  R  P  N  L  S  T  O  N  K  H  L  I  I
T  N  X  K  A  X  F  L  V  G  B  K  Y  Q  P  N
E  I  Q  C  Y  G  F  S  E  A  Z  W  P  H  S  E
M  U  S  N  E  S  I  K  Z  M  R  X  W  O  N  G
S  X  H  Z  E  O  Y  C  E  I  C  H  W  V  I  N
U  B  P  A  U  P  X  S  U  T  C  E  F  F  A  I
S  K  D  T  Y  T  U  T  Z  S  V  X  M  A  J  I
```

ARTIS	IMPRESSIONEM
CLARITAS	INSPIRATIO
ARTE	INTENSIONEM
TRAGICUS	INTUITUM
EXPRESSIO	INGENIOSUS
AFFECTUS	SENSUM
FLUIDITATEM	SPONTANEA
IMAGO	VISIONES
IMAGINATIO	VITALE

57 - Science Fiction

```
C C I T S I R U T U F Z G W U W
R W L M U L U C A R O T A W T A
E E U Y A I P O T S Y D L Q O K
P C I J T G R X E E T N A E P C
I A K V E N I M U N D I X S I O
T Y T Z N Q B N L U W M I S A N
U G W U A N K A A L Q S A I E S
S P P H L Z Y T M R C W L D R C
Z Q A D P W E O E L I Y L N S R
J C K B K R Q M R Q D A U E A I
I L L U S I O I T Y X M N P R P
V A N S V I O C X I G N I S C S
W Y O Y X U E U E X Y F K U A E
K S P T N A T S I D H H K S N R
G D Y R Q L M O O Y L V K E U I
L O T W L V I F L E U X Y Y M T
```

ATOMICUS	IMAGINARIA
DYSTOPIA	DISTANT
CREPITUS	MUNDI
EXTREMA	ARCANUM
SUSPENDISSE	ORACULUM
IGNIS	PLANETA
FUTURISTIC	CONSCRIPSERIT
GALAXIA	NULLA
ILLUSIO	UTOPIA

58 - Vertus #1

```
C E I N T E L L I G E N S M B C
A U F Y C S S F M O D E S T U S
J F R F C O N F I D I T L A Y P
D H L I I C B I Q J S L M L Y A
T G I A O C Q S I W N S U K P T
W G S A J S I L A R E B I L R I
B R U J U N U E Z I L C R Q A E
C O D S R E F S N D O L O Y C N
G Y N S U D N U M S V P T H T S
B T U U F N S T H I E T E O I I
K V C E M E A S F T N L R G C J
L O A U L P P U R R E Y C O A R
O C R N J E I N S A B I E W T R
M E I T U D E E F Y A X D B R E
J U M M R N N V Y V Z L T N E L
V G L P Y I S X C R Z Z Q H C Z
```

ARTIS   INDEPENDENS
BONUM   INTELLIGENS
VENUSTUS   MODESTUS
CONFIDIT   IRACUNDUS
CURIOSUS   PATIENS
DECRETORIUM   PRACTICA
EFFICIENS   MUNDUS
CERTA   SAPIENS
LIBERALIS   BENEVOLENS

59 - Professions #1

```
V G J X T A A O F R S B L G H D
M E H T R S U C I D E M T E Z G
M C N F E A K D R G U M S O E H
Y A D A D E A R E P L K I L S H
F R M S T X Z Z F A K K T O B S
E T O A S O Z X I R T U N G R K
V O U L I N R O G V N Z E I A L
L G E T G X D T H K Q U I S V E
E R S A O I D J T O G N C T F G
D A M T L V N Y E M R L S M S A
I P U O O L J A R Y H P C F M T
T H S R H P L U M B A R I U S U
O E I P C A S T R O L O G U S S
R R C V Y A T T O R N A T U M S
H D U Z S J E W E L E R A B V Z
J V S B P U J A M A Z C V C A H
```

LEGATUS
ASTROLOGUS
ATTORNATUM
REMI
JEWELER
CARTOGRAPHER
VENATOR
SALTATOR
RAEDA
EDITOR

GEOLOGIST
NUTRIX
MEDICUS
MUSICUS
THE
PLUMBARIUS
FIREFIGHTER
PSYCHOLOGIST
SCIENTIST

60 - Géologie

```
M S T O N E F I V M O F S J S R
Z J K B D F S N G M L L H U T C
F F N W N Z T R A U Q A D F A S
X O A E T N S Z U I S V M T L E
E W S L A T S Y R C P A J Z A Y
Z B M S J K M S R L E M R Q C C
C Y U X I A P O N A C L O V T O
L Q C W K L C L A C U A S A I N
T Y C Y U N E I A X S R A T T T
U I A C R R M D D T P O L I E I
F U S I L E F S D U E C Y H Z N
P Z E F V S I R U A M A I T V E
C M X M V Y W J J Z T R U H J N
L B E T L E A M P M K U P M B S
D A D Y T G X R V N N B Q D H Q
M I N E R A L I B U S K I B W I
```

ACIDUM
CALCIUM
SPECUS
CONTINENS
CORAL
ACCUMSAN
CRYSTALS
EXESA
FUSILE
FOSSILE

GEYSER
LAVA
MINERALIBUS
STONE
PLATEAU
QUARTZ
SAL
STALACTITE
VOLCANO
MAURIS

61 - Jardin

```
S  Z  T  R  G  R  F  I  M  B  E  J  B  K  G  M
S  Z  K  Q  A  B  R  E  H  S  U  B  O  F  W  K
Q  T  M  D  R  A  H  C  R  O  L  O  S  L  S  U
U  B  W  U  A  I  N  A  Z  I  Z  H  I  O  X  J
V  U  Z  D  G  B  B  G  X  S  B  W  U  S  Y  H
Y  J  U  Z  E  S  O  H  R  A  E  L  L  D  S  G
T  R  Z  J  C  E  C  V  K  X  S  F  H  K  T  X
Y  R  Y  R  H  Y  N  Z  G  A  R  B  O  R  U  B
J  B  A  K  M  W  A  H  A  M  M  O  C  K  M  E
K  Z  B  M  E  U  B  H  O  R  T  U  S  V  I  O
F  L  T  S  P  Z  L  V  I  T  I  S  V  Q  N  Y
D  Z  T  C  E  O  R  U  T  R  U  M  X  T  W  D
B  F  H  E  S  Q  L  F  C  B  U  M  W  Q  Q  V
J  I  V  L  F  U  F  I  Q  R  R  B  S  G  V  O
E  G  E  T  Y  V  G  I  N  S  A  V  H  A  J  Q
J  T  H  M  Q  K  B  Z  V  E  S  S  Q  F  H  B
```

ARBOR	ZIZANIA
BANCO	RUTRUM
BUSH	SARCULUM
SEPEM	SAXA
EGET	SOLO
FLOS	XYSTUM
GARAGE	TRAMPOLINE
HAMMOCK	HOSE
HERBA	ORCHARD
HORTUS	VITIS

62 - Santé et Bien Être #1

```
A  V  I  T  C  A  M  L  U  D  V  N  M  F  M  Y
L  T  U  F  D  U  B  T  G  A  X  Z  Y  R  E  G
W  R  Q  K  A  H  P  A  R  Y  O  A  G  A  D  Z
D  N  S  U  R  I  V  X  C  I  Y  D  G  C  I  J
O  S  S  A  I  B  U  A  M  T  G  Q  P  T  C  U
O  T  E  S  U  T  I  B  A  H  E  C  M  U  I  S
M  X  E  E  E  B  R  I  V  U  T  R  A  R  N  T
I  O  H  M  Q  N  L  J  J  A  T  L  I  A  A  O
C  U  R  A  T  I  O  U  T  R  N  I  R  A  T  W
J  A  L  F  E  L  Y  M  S  T  A  T  U  R  A  M
M  O  G  I  G  U  V  C  R  M  E  D  I  C  U  S
F  K  F  O  E  C  K  U  H  O  H  H  N  H  G  C
L  T  Q  J  P  S  T  T  X  F  H  W  I  T  N  S
K  L  L  K  O  U  S  I  R  E  F  L  E  X  U  M
X  A  F  D  G  M  C  S  A  L  T  I  T  U  D  O
S  O  Y  V  A  V  X  W  D  C  K  X  E  H  M  L
```

ACTIVA	MEDICINA
BACTERIA	MUSCULI
INIURIAM	OSSA
EGET	CUTIS
FAMES	ATQUI
FRACTURA	STATURAM
HABITUS	REFLEXUM
ALTITUDO	JUSTO
HORMONES	CURATIO
MEDICUS	VIRUS

63 - Barbecues

```
P W F C K W C T S P R O W A P T
I D A O V F K R X Z K M O B U R
P A M N R U S I A C I S U M L I
E E I D M N Z H U T S O D U L D
R S L I T N E T O P I J E B U E
E T I M U I D N A R P C S I M N
N A A E P E C X A J H G U C N T
O T D N C A L I D U M K T L R E
C E J T L T M B R T S I C L A S
D Q O U U E N F Q F P F U Q C M
V S E M A F G S L C G W R D A Z
A O G S I R I U L A S O F N K S
X V G P H G J L M G K Q W S M V
T O M A T O E S I I X E I E P O
O P P D L L G H X I N L V L N U
H K H C P W O N N U V A A B G U
```

CALIDUM
PRANDIUM
FILII
AESTATE
FAMES
FAMILIA
TRIDENTES
FRUCTUS
CRATICULAM
LUDOS

LEGUMINA
MUSICA
CIBUM
CEPE
PIPER
PULLUM
POTENTI
CONDIMENTUM
SAL
TOMATOES

64 - Forêt Tropicale

```
S B O T A N I C A S A L U T E M
U P S G R R E F U G I U M J Y Y
C T I W U P C O M M U N I T A S
S A T U T D R A M P H I B I A Q
U I E B A I K E H C F L E Q A G
M N T L N V N J T Q U A N T U M
U S R N I E O I L I J F D V O Q
I E U E V R G R P L O G V D J D
L C N Q S S F H Q B P S W F B N
N T C U Q I W F T L W C U G W E
U A A Q I T N Q C O Q Z Q M E G
L J T Y H A U S P E C I E S T A
L M I J Y S B K B E D L I A P D
A U S U N K E X Z M N U V V Q K
M D F W T N S X K F P B C E W C
R E S T I T U T I O N E M S I W
```

AMPHIBIA
BOTANICA
CAELI
COMMUNITAS
DIVERSITAS
SPECIES
INSECTA
TRUNCATIS
NULLAM

MUSCUS
NATURA
NUBES
AVES
PRETIOSUM
REFUGIUM
QUANTUM
RESTITUTIONEM
SALUTEM

65 - Ferme #1

```
C O L E Q U U S N H V L K F D S
Q A U Q A H E I J G Y O F H N I
O N N V E Z E P D S I M I O E Z
T I X I Q J I A A T Y V Q A O S
F M G G S L F E S E T O E S Q A
A E K T H E B P H R H A N I U S
R S T J A A F P B C N A H N U C
U I N B R L A Y T O R G A U H O
T L C O K M X T X R V V O S I R
L E O E R Q O H I A M S Z E R V
U F P O R K G E A T O G C G C U
C U M U L U T I V S N D B Y U S
I S F F L S E P E M L X O S M M
R O M D E L I L L C R M S C E Q
G Q J P M C U C X W S K C V Z F
A O R S E D Y M E G E R G H A Y
```

APIS
AGRICULTURA
ASINUS
AGRO
FELIS
EQUUS
HIRCUM
CANIS
SEPEM
CORVUS

AQUA
STERCORAT
HAY
SEMINA
MEL
PULLUM
RICE
GREGEM
BOS
VITULUM

66 - Antarctique

```
W E N O I T I D E P X E X N M X
D F N D X J R P Z Y I Y C G I C
S O W V O O V J L K I V H R G I
W Z L X I H M G K C Z Q O Q R F
I V Z I Q R O T R O T N S J A I
L W F X U R O W L R W I V Y T T
I N L J Y Z B N P X L N G U I N
Z C S C P V Q D M Q H Y A B O E
S N E N I T N O C E A L U S N I
E C E T E G W A O S N P Q L O C
B P E N I N S U L A P T A V E S
U G E O G R A P H I A E N E Q F
N M I N E R A L I B U S C C L E
I N Q U I S I T O R E M F I F C
T O P O G R A P H I A O Z J E H
D Y E E X L S H G S D Z H X E S
```

BAY	INSULAE
CETE	MIGRATIO
INQUISITOREM	MINERALIBUS
CONTINENS	NUBES
AQUA	AVES
ENVIRONMENT	PENINSULA
SPECIES	ROCKY
EXPEDITIONE	SCIENTIFIC
GEOGRAPHIA	TORTOR
ICE	TOPOGRAPHIA

67 - Professions #2

```
P E B A P M E D I C U S Z I A J
H C T M E R O T I S I U Q N I R
I A S T R O N A U T K N F Q Z I
L I I S R E T S I G A M B U U L
O N T I I L D S S G G S X I R L
S V N U Z N F W I O S E L S O U
O E E G P R V U W G M P V I T S
P S D N V R K E L F O Y P T A T
H T P I Z E E D N J U L R O N R
U I I L G E C T D T H C O R R R
S G C V S N Y T I H O H F I E A
F A T X M I W C M U B R E V B T
D T O F X G L J I L M T S O U O
U O R K G N A M E M B N S Q G R
I R V T M E T S I G O L O O Z N
H O R T U L A N U S W T R F Y L
```

ASTRONAUT
BIOLOGIST
INQUISITOREM
DENTIST
INQUISITOR
INVESTIGATOR
MAGISTER
ILLUSTRRATOR
ENGINEER
INVENTOR

HORTULANUS
WISI
LINGUIST
MEDICUS
PICTOR
PHILOSOPHUS
PRETIUM
GUBERNATOR
PROFESSOR
ZOOLOGIST

68 - Les Abeilles

```
C G O M P V H F A B R M M P Q M
E Q O E V L A A L D G G M O G I
R M A T H E A L B O G O Q L M S
A P L S O M S N V I R T E L P C
R T O Y M H O N T H E Q E F E
S U Z S A L I S C I N A B N S N
O P P O C W N W E U S I T I A T
S U T C U R F E S J E X I Q T U
D A Q E R M O E N P R N A O I R
O K A D X Z R N I I O I V R S Q
G I W D B W J U S K L C V E R J
S O L V T C I B U M F W I G E X
T V I U J B X W M Y M E K I V M
Z G Y E T I H S U T R O H N I K
D D P D D T W I F J V A T A D K
U T I L E C U D S Q M I G J D P
```

ALIS	HABITAT
UTILE	INSECT
CERA	HORTUS
DIVERSITAS	MEL
MISCENTUR	CIBUM
ECOSYSTEM	PLANTIS
FLOREBIT	POLLEN
FLORES	REGINA
FRUCTUS	ALVEO
FUMUS	SOL

69 - Santé et Bien Être #2

```
A H O S P I T A L I S K Z G W G
N H A Q M V I T A M I N U M Q E
A V Y Z E Y E D Y N H U N W M N
T G E G N V E S T I B U L U M E
O U X O I T C E F N I N S R E T
M R R W U E I R O L A C U E N I
I N G U G S N Z I P T I S C O C
A A L T N A T E I D Z Y P U I S
M C T L A N P N X N H P E P T D
C O Q M S U A F X U H O N E I U
S F R G M S U P R O C N D R R A
N R B B D U U F S L X D I A T H
P N L K I N J S D N Z U S T U V
J J T Z L M Q K V F Y S S I N I
E Q T J R O V S W G E X E O Y W
U N U F D S U T I T E P P A L V
```

URNA
ANATOMIA
APPETITUS
CALORIE
CORPUS
DIET
SOMNUS
VESTIBULUM
GENETICS
HOSPITALIS

HYGIENE
INFECTIO
MORBI
NUTRITIONEM
PONDUS
RECUPERATIO
SANUS
SANGUINEM
SUSPENDISSE
VITAMINUM

70 - Conduite

```
A D T N W S C M T X N P A E J S
B S M L V A R U Q Y K R E C O V
F V P A M V O B N T U M N D V A
N D M E T U L A S I U U E F L V
D G S P D X O I Z Q C L A N Z U
B E A C S E D V C A R U N K T W
F E X P D N S H T A K C L H F E
P G A R A G E T B T X I F U X F
Q C L O I E A D R A D R M Q M I
R Q L T T L M I I E Y E G C D S
Q L U O N B R H Z C M P X V U H
Z K N M E I V Y K G C B Y F X N
F H O N C D U M E T A A E T V N
W V R G I V E S T I B U L U M T
D W X J L C E L E R I T A T E C
S J Y R I K M O T O R C Y C L E
```

ACCIDENS
DOLOR
ESCA
MAP
PERICULUM
DUMETA
GARAGE
VESTIBULUM
LICENTIA
MOTOR

MOTORCYCLE
PEDESTREM
AT
VIA
SALUTEM
AENEAN
NULLA
CUNICULUM
CELERITATE
CAR

71 - Plantes

```
Q R J H W P V B R O Q P C H P G
F L O R A H B U W L I C A A N S
Q D P O E R O S O L F F C B T L
V J L B Z J E H Y M B H T C T A
W X O R A D W D J O B A U H N L
A O J A N O U N E H F B S K R B
M U S C U S V E U H J R A Y M K
W L M S B X E E G Y Y E O Y P R
U Z U V I R E N T I A H O N Z Q
A W R G W K S V M Q A H B A D P
Q T O C F L X I D A R O M E N E
F H L A X N T T L J Y R A B P D
Q B A B E R R Y P V S T B M U I
B O T A N I C A M Z A U W X V E
K J E R E C S E R C C S B X K U
F T P S T E R C O R A T K I H A
```

ARBOR
BERRY
BAMBOO
BOTANICAM
BUSH
CACTUS
STERCORAT
FRONDE
FLOS
FLORA

SILVA
CRESCERE
BEAN
HERBA
HORTUS
HEDERA
MUSCUS
PETALORUM
RADIX
VIRENTIA

72 - Ferme #2

```
F F C A L M U C I T I R T W E W
M R M I O V E S R N H P F T K I
B H U P B J V U R G Q A Z X J N
Z Q T C J U H A I Q J R E R A D
I T N X T P M X G Z T U Z F K M
R M E K D U Q X A N T T U K D I
M M M T U O S I T A N A F R R L
U U U Y N Q V A I L A M I N A L
P E R P R A T I O O F U G K H E
Q D F E Y P U Q N C O E I G C G
T R A C T O R C E I L R B S R L
X O F G V C K L S R K R A V O D
P H S G T Z B D L G A O G W M C
C S Z O K Y M D R A O H N S O O
H Y V S W G Q T V M M Z U L T T
V E G E T A B I L I S A S I J A
```

AGNUS	VEGETABILIS
AGRICOLA	FRUMENTUM
ANIMALIA	WINDMILL
TRITICUM	OVES
ANATIS	MATURA
FRUCTUS	CIBUM
HORREUM	HORDEUM
IRRIGATIONES	PRATI
LAC	TRACTOR
LLAMA	ORCHARD

73 - Vacances #2

```
M A V M U B D R P Z H U N B A Y
W O L U P U D Q T L B S R O J Z
F D N I B S V A S E F K E J U R
B N X T E M A K U T L J M X E W
T M O O E N T T H O G I F Y R H
E Y G P N S A W P H S R T X N Y
M D T A B E R N A C U L U M T A
R X E M E N T T R A T E J M P C
B S G T G I S N G E A L U S N I
Z B C N O G A E N B T O A F N K
D N N D P A C R I F I I F E L P
X Y D W N M P V S E M B K I S Z
V Y K U Q I J W G R O M E U V Q
I L Z T U X S W H I C A R R T U
S N U L L A W O F A S R E T I W
A V M T X T P M N S U E W A D R
```

ELIT	IMAGINES
CASTRA	BEACH
MAP	AMET
ALIENA	TAXI
HOTEL	TABERNACULUM
INSULA	COMITATU
OTIUM	NULLA
MARE	FERIAS
MONTES	VISA
SINGRAPHUS	ITER

74 - Éthique

```
I  S  C  T  X  N  O  H  M  R  M  C  I  I  C  X
R  N  A  T  Z  A  I  H  P  O  S  O  L  I  H  P
E  E  T  P  F  H  P  R  T  J  V  O  T  S  M  W
Q  P  A  E  I  S  W  K  B  A  Z  P  O  I  I  K
U  S  N  L  G  E  A  U  V  T  V  E  L  T  S  R
I  T  O  E  I  R  N  U  I  S  H  R  E  A  E  E
S  Z  B  Y  L  S  I  T  T  U  A  A  R  T  R  V
Q  B  D  T  V  U  M  T  I  O  I  T  A  I  I  E
U  S  T  O  H  F  O  U  A  A  T  I  N  N  C  R
E  R  F  G  S  N  U  I  S  T  N  O  T  A  O  E
G  I  A  I  D  R  O  C  I  R  E  S  I  M  R  N
H  O  N  E  S  T  A  T  I  S  I  Z  A  U  D  T
D  I  G  N  I  T  A  T  E  M  T  E  S  H  I  I
D  I  P  L  O  M  A  T  I  C  A  E  U  Z  A  O
A  L  T  R  U  I  S  M  M  A  P  K  Y  B  M  R
R  A  T  I  O  N  A  B  I  L  E  V  T  U  J  S
```

ALTRUISM	SPE
MISERICORDIA	PATIENTIA
COOPERATIO	PHILOSOPHIA
DIGNITATEM	RATIONABILE
DIPLOMATICAE	REVERENTIOR
MISERICORDIAM	REALISMUS
HONESTATIS	SAPIENTIA
HUMANITATIS	TOLERANTIA
QUISQUE	BONA
INTEGRITATE	

75 - Temps

```
S L E X E A K W R A D N E L A C
E J L K E C W C R N Q D J A R S
P E N K D N V S U T S O P S O H
T H U W M V C B R E F Q Y O H L
I Y M L H V U R N O X T K P Y V
M R R W E N U K F S J I D N H S
A U N N A Z E A E M L I T L O R
N T W A B R F L K A M L J B R N
A N U E P L H F N N U N C O H
O E H E I C A H U E I D J X L X
M C M X M Z A S I T U N I M O E
V R F D G E U F V V U F U Z G U
A J K V I F S E I D I R E M I G
A N N O J V S N N H M F U G U W
N O C T E P W H E R I O A M M U
D E C E N N I U M M E O X K O Q
```

ANNO

ANNUA

POST

ANTE

MOX

CALENDAR

DECENNIUM

FUTURUM

HORA

HERI

HOROLOGIUM

DIE

NUNC

MANE

MERIDIES

MINUTIS

MENSE

NOCTE

SEPTIMANA

CENTURY

76 - Maison

```
L Z U K E Z B D C A D V M U P I
L I Z P Q S T H S E L Q S W T M
L A B D B N J P S I S O M S H B
U J Q R S E P E M O S T I U M E
C A P U A R T S E N E F P T F R
E B T O E R M Z S F G G E R O C
R H J T B A Y A Q J A N L O C L
N L V S I Y R T A K R E L H O A
A A L M G C Q I I O A A E E L V
M U R U M F A I A R G T S M G E
Q A W T M U L U B I T S E V E S
S P E C U L U M P N E I V V Z N
U O V E F U N D A M E N T U M F
C J D T Z U E F Y B Y E B R C V
O L I C G B M L V R Q G J N Q Q
L W E L S P U E U B J V Y P V W
```

GENISTAE   ATTICA
LIBRARY   HORTUS
LOCUS   LUCERNA
FOCO   SPECULUM
CLAVES   MURUM
SEPEM   LAQUEARIA
VESTIBULUM   OSTIUM
IMBER   PELLES
FENESTRA   FUNDAMENTUM
GARAGE   TECTUM

77 - Légumes

```
C L J U T K A G L A R D Y R C T
G V R H F D L G P O T X C A U Q
A L L I U M G G Q X B I A D C B
A R U J K E E A I L A S C I U T
P H D E O S N T O N X J T C R T
A I T X F X T Q E W G T U U B L
R E S A E D E T B W Y I S L I C
O G U U Z T M C U G N S B A T U
L G C S M S P I N A C H B E A C
I P U F U N G O R U M T A S R U
V L A A A G Y M J V K E W H B M
A A D D V Y Z Z U Y P M F M R I
E N T T B M P Q D I G A K L B S
T T L N N Q N T K W P D E P F V
C E P A N R E R Q S H A L L O T
S F B P E T R O S E L I N U M W
```

ALLIUM   SHALLOT
ALGA   SPINACH
CACTUS   GINGIBER
EGGPLANT   RAPA
ALGENTEM   CEPA
DAUCUS   OLIVAE
APIUM   PETROSELINUM
FUNGORUM   PISUM
CUCURBITA   RADICULA
CUCUMIS   SEM

78 - Famille

```
P A T E R I V P I V N P X H I N
M A T E R N O M K Y L K U O F E
S I T P E N T I U X O R M E T P
W L A V U S U U R T A P A D R O
X I T I A U X L C X E K T G P S
P F A X T T J P O O Y A E F A B
H X N H A I V S N L O B R Z T K
T M G A V A R E N E F A T Z E T
U X O I V T E E S B I N E K R K
Y R C C T I T X U E L C R S N C
X K F N C U A J P P I E A O I Z
P J O F P Q R J K M I S W A E Y
H U B V R P F Y P A L T A H Z P
B U D C Z W G W S T R O X H T B
S O R O R M R O M E S R Q Y O M
V N R M K K V U N R S E B R L G
```

ANCESTOR	VIR
COGNATA	MATERNO
PUERITIA	MATER
PUER	NEPOS
FILII	NEPTIS
UXOR	PATRUUS
FILIA	PATERNI
FRATER	PATER
AVIA	SOROR
AVUS	MATERTERA

79 - Oiseaux

```
Q R A V R T P V M A I N O C I C
F L A M I N G O J N I P P G G O
N G L H E R O N G P A S S E R R
A Q S U A C H A A M M X C F M V
N D W N G D B J D C J J R D C U
S U C A T T I S P D U G Z U V S
E F B Q X R D Q Q S G O K J Q B
R G P U J S T W J Q F Q T B H V
E W P F A Y Q Z L I P U L L U M
M D L S C S T R U T H I O N E M
M Q F I U P L Y Z I P W P T B X
N Q Z T C C J T U T C X Q B G Z
A B E A K N A B M U L O C Y D J
S W A N O N A Q U I L A P A V O
T E H A O Y Q G V W Q N N T R P
C O L U M B A M O P E L I C A N
```

AQUILA	PASSER
STRUTHIONEM	GULL
ANATIS	OVUM
CICONIA	ANSEREM
COLUMBA	PAVO
CORVUS	PSITTACUS
CUCKOO	PELICAN
SWAN	COLUMBAM
FLAMINGO	PULLUM
HERON	TOUCAN

80 - Disciplines Scientifiques

```
E A I G O L O I C O S R O I Z N
E A I M O N O R T S A G K P E E
U D O N M R O B O T I C S I L D
P Y E E J U M Y S F G H F A A E
C B C U B B N G F G H A G C I R
H I O R B Y G O L A R E N I M L
E O L O I K D L L U W H W T O A
M L O L Y Y U O R O Q Z J A T N
I O G O W E I I D X G Q E M A D
A G I G C E S S H I M Y C M N I
Y Y A Y N N M Y O Q I K Y A A C
G M A C I N A H C E M Y K R M A
C Z W H Z T G P G J H S A G J E
I Z B I O C H E M I S T R Y L L
B O T A N I C A M Z R N C C P D
Q P A N T I Q U I T A T I S D M
```

ANATOMIA	IMMUNOLOGY
ANTIQUITATIS	GRAMMATICA
ASTRONOMIA	MECHANICA
BIOCHEMISTRY	MINERALOGY
BIOLOGY	NEUROLOGY
BOTANICAM	PHYSIOLOGY
CHEMIA	DUIS
OECOLOGIA	ROBOTICS
NEDERLANDICAE	SOCIOLOGIAE

81 - Maladie

```
C T L H Y G B Q S C F F F Y M A
O R Z E I N F L A M M A T I O L
N I E R V L E U N A Q J D E H L
T T Z E I N V E T E R A T A N E
A I E D R W V E B Q I H Q D E R
G C N I T E M O R D N Y S S U G
I U T T S J S K Q V C O R I R I
O M W A I A H P S T R U H N O E
S R S R T N B X I Q U H M U P S
I O R I U E F D B R J T I S A U
S T P A C C S I O S A P K I T P
O S S A A Y R M R M D T N Z H R
L U M B O R U M O M I G O Y I O
S J Y T H R C D W H A N Z R A C
I M M U N I T A T E M R I O I I
B M Z P D O Y M E T U L A S R I
```

ABDOMINIS	IMMUNITATEM
ACUTIS	INFLAMMATIO
ALLERGIES	LUMBORUM
INVETERATA	NEUROPATHIA
CONTAGIOSIS	OSSA
CORPUS	RESPIRATORII
COR	SALUTEM
INFIRMA	SINUS
TRITICUM	SYNDROME
HEREDITARIA	JUSTO

82 - Univers

```
S O J S X E Y X Q G D I T P I G
T I S I T S E L E A C A I D O Z
A R E N G S U G O L O R T S A A
M E D I O R E T S A P M M Y I E
E A Q D O G C J D X L U N A M R
K H U U E X F O M I V L K C O I
H P A T I B R O S A N E O W N S
O S K I L N W X X M K A T V O T
R I K G A S O D F P I C E W R E
I M I N T S O C F I Q C R R T N
Z E W O I V G L T Z R Q A N S E
O H U L T Y Q X A I N J P M A B
N T O Y U M Z G G R U I P V P R
Z E B T D D O D Z R I M A Z N A
M U I P O C S E L E T S I Q D E
W N R M E Q W F I W H B S J J P
```

ASTEROIDEM	LATITUDO
ASTROLOGUS	LONGITUDINIS
ASTRONOMIA	LUNA
AERIS	TENEBRAE
CAELESTIS	ORBITA
CAELUM	SOLARIS
COSMICAM	AEQUINOCTIUM
GALAXIA	TELESCOPIUM
HEMISPHAERIO	APPARET
HORIZON	ZODIAC

83 - Géographie

```
R F B J B T G E O Y Q O R M M C
H E M I S P H A E R I O E U E G
A L U S N I T I Y V B D G N R N
W C N N E L R R K A Z U I D I X
O F A E N G O T A W F T O I D V
N J E F I G N A R Z O I N U I W
M D C W T F S P V E D T E Z E T
O Z O M N E M U L F U A K O M D
N O I R O T I R R E T L W S B Y
T W W X C A S U N A I D I R E M
E G J X M M O C F I T O W D U E
M B V O X I F F S K L L V L K B
T H V T W E S T Q E A M A C Q R
Y Z T A F L O Y L F S V A S G U
T S D D I X T W X W S U Q P L Q
M A R E N Q H F Y J D B D I W J
```

ALTITUDO
ATLAS
MAP
CONTINENS
FLUMEN
HEMISPHAERIO
INSULA
LATITUDO
MARE
MERIDIANUS

MUNDI
MONTEM
NORTH
OCEANUM
WEST
PATRIA
REGIONE
MERIDIEM
TERRITORIO
URBEM

84 - Danse

```
U C M V W E C N J X U X B B C C
S L A U S I V A E Y E M C Y H U
J A R U T L U C D U I Y P J O L
R S S A C F F Z N A E O P W R T
A S T F Y X S L T T S W O E U
F I A M U V I S S E R P X E O R
F C T U N X M T N A Q S C E G A
E A U D S K U U X L O X O N R E
C L R N D P I G S B N Z R Y A X
T F A E J X C W A I U U P L P V
U G M S H P O S I Q C I U T H I
S K E N G U S B T X N A S E Y O
N U M E R O A C A D E M I A E H
M R K C P Q Z C R M O T U S N D
W L H E R B C P G A E V G V H H
H T C R M N A T R A D I T U M A
```

ACADEMIAE
ES
CHOREOGRAPHY
CLASSICAL
CORPUS
CULTURA
CULTURAE
EXPRESSIVUM
AFFECTUS
GRATIA

LAETA
MOTUS
MUSICA
SOCIUM
STATURAM
RECENSENDUM
NUMERO
TRADITUM
VISUAL

85 - Bâtiments

```
H J F E M D N G S I M L T E O U
L O C Q A R D A L L U N J T F N
E H S I U D C R S E R Q E J F I
G L O P T X X A B T T T W Y I V
A K J S I C F G G O A X E M C E
T S T J O T F E Z H E D N U I R
I S C D Z D A I B P H L I L N S
O Y P H W C O L U G T N M U A I
N S O H O H J T I X S Q R C M T
E E T Z M L J U H S I C E A U Y
M X Y R U F A R O S W S N N E E
C A M E R A M R R Z Q I X R S N
E Q V U T Z V I R P W E X E U X
F J N N S E A S E M J B N B M D
M G O R A W C T U Y T C W A F A
M E N O C M X F M U R O F T D H
```

LEGATIONEM	HOTEL
DUIS	NULLA
OFFICINA	MUSEUM
CAMERAM	STADIUM
CASTRUM	FORUM
SCHOLA	TABERNACULUM
GARAGE	THEATRUM
HORREUM	TURRIS
HOSPITALIS	UNIVERSITY

86 - Pêche

```
B Q C W B E W O Y B Y E Y O G B
R A A L L I X A M E R S U C A L
A Q N E M U L F U A V U W E I M
N U I K J B P J R C H D C A T G
C A S F J P J S O H B N O N N O
H M T F Y T Z X P H W O Q U E X
I D R I L R O M B Z P U M I R
A I U I T L W Z E B A B E N T A
S L M J T S U U T Q O Q S N A W
A U X H R Z D M T Q H R V A P F
F K N B I X S G Y M D X I V T V
A P P A R A T U E V G T U I X Z
B E V F W N V L L I M H A H X B
G M E S C A P M T I S K T Y J B
C J O O A J J C C L J X W G C H
H Q T R P W Z Q A U G E N D O W
```

ESCA	FLUMEN
NAVI	LACUS
BRANCHIAS	MAXILLA
HAMO	OCEANUM
COQUES	CANISTRUM
AQUA	PATIENTIA
AUGENDO	BEACH
APPARATU	PONDUS
FILUM	TEMPORUM

87 - Activités et Loisirs

```
U  G  Y  D  R  C  C  I  S  H  Z  E  J  P  W  Z
G  A  L  E  L  L  A  B  E  S  A  B  I  U  T  W
A  O  M  W  M  I  S  S  I  N  G  I  D  L  Q  K
R  G  E  E  W  B  T  H  C  X  N  T  N  V  L  X
D  N  T  A  T  H  R  H  I  Q  A  C  A  I  I  F
E  D  X  O  D  K  A  W  F  E  T  V  C  N  U  J
N  U  B  O  X  I  N  G  R  E  A  U  S  A  W  W
I  G  L  C  Y  R  Z  X  E  X  N  L  I  R  C  H
N  I  E  T  A  S  Y  B  P  Y  T  D  P  F  K  O
G  A  V  X  R  E  T  A  U  Q  E  S  N  O  C  B
N  W  A  H  U  I  C  Q  S  A  S  N  X  E  R  B
W  E  R  U  T  O  C  N  M  P  H  T  E  C  R  I
B  G  T  A  C  E  B  E  O  E  H  I  K  R  L  E
V  O  G  D  I  V  G  F  S  S  D  Z  N  A  Z  S
F  L  S  Y  P  H  G  T  R  I  S  T  I  Q  U  E
U  F  O  E  O  W  H  L  I  O  H  Q  Z  F  Z  K
```

ES	HOBBIES
BASEBALL	PICTURA
ULTRICES	PISCANDI
BOXING	CONSEQUAT
CASTRA	AMET
DIGNISSIM	SUPERFICIES
GOLF	TRISTIQUE
GARDENING	PULVINAR
NATANTES	TRAVEL

88 - Livres

```
C C F H M H K M S O C G E F S J
I O W A B R E V C M A X C E G S
N S L M B S A U R E R O T C E L
G W P L S U T S I T M M F A V X
E Q F M E A L U P A E B X Y O O
N M R R I C Q A T T N E I S N M
I Z J O R I T G U I C I G A R T
O X S H E R X I M L W D M C W N
S Y P O S O E F O A B O E R C P
U A D L E T T P V U A M J O A I
S Z L O F S N L B D S S U T K C
H A U N H I O N F N Z U V C O H
U N L G O H C F Q D V J Y U P B
L I T T E R A R U M M U L A A W
X X G K X Z E T Y C A H G I G J
P E R T I N E T C A S U S P E I
```

AUCTOR
CASUS
COLLECTIO
CONTEXT
DUALITATEM
SCRIPTUM
FABULA
HISTORICA
HUJUSMODI
INGENIOSUS

LECTOR
LITTERARUM
VERBA
PAGE
PERTINET
CARMEN
CARMINA
NOVE
SERIES
TRAGICI

89 - Pays #2

```
L A E T H I O P I A B I C N K E
L D V G A L L I A F F N U P E L
Y N C V D H X Q J I H D E I N N
U A D D C Y M D A J L O T Y Y Z
L G A H I Q U Q I X Z N E T A W
U U R T R E S H T Q Z E M F N W
Z J B T X Y P Y I V A S F I Q L
N M J A M A I C A B G I O N V M
F E P C E Z M K H D E A R I E Q
S Y R I A N E C D M A R A D N G
R U S S I A R W J C V N N T I E
D X N F N P O C I X E M I I W I
X W O A A A L C I V E V B A A L
X L K P B J S U D A N I A Q E A
T T I W L I N U C R A I N A X O
S D U X A I L A M O S L O R N S
```

ALBANIA	KENYA
LOREM IPSUM	LAOS
DANIAE	LIBANUS
AETHIOPIA	MEXICO
GALLIA	UGANDA
HAITIA	RUSSIA
INDONESIA	SOMALIA
HIBERNIA	SUDANIA
JAMAICA	SYRIA
JAPAN	UCRAINA

90 - Fournitures d'Art

```
P Z I J N C X V J G I A Q U A W
C E D E L E O T D J W F W Q M H
E H R R Y X Z V Z I V U K K Z Q
N A A T P W V P N I W W H A G O
O T X R E E H D G C O L O R E S
D R O I T R N Q T D K T H D C R
O A M Y B A G I C G L U T E N O
L M U I T O L E C K Z N Z H C L
E E U Z M K U S T I H H F T A O
U N X H Z K T B A P L T N A R C
M T Z P B P U M T E K L U C B R
G U O A R E M A C U M Y I L O E
U M S G L O S S A R I U M O N T
L U O Z Z Q L N L B S T X L E A
E M V K V H K E H M K B I G S W
R Z H Y O P H M D Q C W H A F U
```

DONEC	COLORES
WATERCOLORS	PENICILLI
LUTUM	GLOSSARIUM
PERTERGET	AQUA
CAMERA	ATRAMENTUM
CATHEDRA	DELEO
CARBONES	OLEUM
OTIUM	CHARTA
GLUTEN	MENSAM

91 - Eau

```
E  A  L  L  E  C  O  R  P  W  I  C  D  G  C  D
C  T  L  F  Q  K  X  S  H  P  Y  U  Q  E  F  I
I  V  E  N  Q  G  Y  I  G  U  C  A  G  Y  L  L
H  I  X  S  X  R  S  G  N  L  M  C  M  S  U  U
T  J  G  E  I  Y  I  W  V  E  M  I  C  E  M  V
S  I  G  N  N  A  L  O  S  G  I  B  D  R  E  I
S  R  C  O  I  T  A  R  O  P  A  V  E  O  N  U
U  Y  R  I  L  S  N  M  C  P  C  Z  G  P  I  M
C  U  A  T  N  U  A  I  I  F  L  S  G  A  T  X
U  A  S  A  J  T  C  Y  H  U  F  U  M  V  E  I
N  D  Z  G  O  C  E  A  N  U  M  C  V  D  Y  M
O  T  X  I  H  U  M  I  D  I  T  A  S  I  P  B
P  F  W  R  T  L  S  Z  B  T  O  L  A  T  A  E
L  I  T  R  U  F  G  H  V  N  M  Y  G  R  G  R
L  B  U  I  D  R  I  N  K  A  B  L  E  U  U  U
Z  A  C  T  G  Z  P  W  A  J  O  M  L  X  L  A
```

CANALIS   IRRIGATIONES
IMBER   LACUS
EVAPORATIO   ETESIA
FLUMEN   NIX
GELU   OCEANUM
GEYSER   PROCELLAE
ICE   PLUVIA
HUMIDO   DRINKABLE
HUMIDITAS   FLUCTUS
DILUVIUM   VAPOR

92 - Jazz

```
F A V O R I T E S I X U Y E A T
I M P R O V I S A T I O N I S M
T N G O A U U Z D B M E D Y H U
Y P D T S A R S N O B I L I S T
M V A I B O X E F I T R A Y G N
P M I S B Y L E Z T I K R N T M
A U I O A W B O R I H S T U S S
N S V P E E T B C S G X S M K U
A I Q M E W A E R O E C E E N N
G C Z O L F L I I P U J H R Y E
N A R C D Z E Q S M T M C O J G
V E T U S A N V H O U F R E P Z
R K M U C I T N A C V V O O L T
X Z D I L O U M T P F U O J K M
R V A T J W M U B L A N E N M W
X K X J C O N C E R T Y P F Q K
```

ALBUM
ARTIFEX
NOBILIS
CANTICUM
COMPOSITOR
COMPOSITIO
CONCERT
FAVORITES
GENUS
IMPROVISATION

MUSICA
NOVUM
ORCHESTRA
NUMERO
SOLO
STYLE
TALENTUM
TYMPANA
ARS
VETUS

93 - Paysages

```
R S N Q D F T M H L R I T Y Q G
R B V R V H V F O B W O H F J L
R J V Q Q X S H H N E M U L F A
T U N D R A I J I N T I U G D C
C D D C J Z S G L N G E R A M I
O E I U A W J O L R N U M H D E
N S C T T V P E N I N S U L A R
V E E Z C S E O H D N U U N T U
A R B F A O A S I S K L F C J P
L T E V R E S Y E G Z A T R A O
L O R O A B E A C H C P S R R L
I U G L T A E S T U A R I U M K
S M B C A L U S N I J D D F W Q
L L O A C R N I Z U D T T G Z K
T E O N O I L M M F Q Q P C X D
J P V O J Y P D M Q V I S G K O
```

CATARACTA   LACUS
HILL   PALUS
DESERTO   MARE
AESTUARIUM,   MONTEM
FLUMEN   OASIS
GEYSER   PENINSULA
GLACIER   BEACH
CAVE   TUNDRA
ICEBERG   CONVALLIS
INSULA   VOLCANO

94 - Pays #1

```
P I V P F I C Y G L U X A E G I
H G K Q O G B I A I N A M O R S
I O V V S L H S S B I M R H V R
L I Z A R B O D I Y C A Q I E A
I L R I I R I N U A A N H S N H
P V Z R C N U Q I U R A F P E E
P S C O L A A K C A A P I A T L
I C C T Q T G T Y J G E N N I S
N L A A Y S S E I G U Y L I O F
E E U U X I U X R R A A A A L T
S H T Q S N C G Q M U D N K A H
S H O E Y A W R O N A A D I G O
O U N A F H I N D I A N M H Y A
F H P H M G I V M Z H A I D P P
G W J V L F I Q X T D C Q A C Z
M A L I B A N I T N E G R A K F
```

AFGHANISTAN	LIBYA
GERMANIA	MALI
ARGENTINA	MAURITANIA
BRAZIL	NICARAGUA
CANADA	NORWAY
HISPANIA	PANAMA
AEQUATORIA	PHILIPPINES
FINLAND	POLONIA
INDIA	ROMANIA
ISRAHEL	VENETIOLA

95 - Nombres

```
S E P T E M D E C I M E C E D Q
D E C E M E T O C T O M Q T N U
D Y P D E U V I G I N T I S U A
D O L U T Q C I S D K P H E L T
K U V O P N O V E M O Q Q X L T
P K O K E I T F L I I L D L A U
R E F D S U C C A C T C U S I O
B J Z R E Q I W M E N Q E Y M R
N D C W E C M T I D I N Y D O R
F Q G L L M I S C N G W W S E T
P I E E J F C M E I I S H D G S
Y Q Q H B U E E D U V W S N I E
J R M N I G D Q Y Q E O Y A B R
V L Y N Q G E H L S D U C G V T
Y Z J J P J R Y Z B N F W T K Y
W W B S P P T V D I U A H P O M
```

QUINQUE	QUATTUOR
DUO	QUINDECIM
DECIMALES	SEDECIM
DECEM	SEPTEM
DECEM ET OCTO	SEX
UNDEVIGINTI	TREDECIM
SEPTEMDECIM	TRES
DUODECIM	VIGINTI
OCTO	NULLA
NOVEM	

96 - Psychologie

```
R H A N I L M J D S K W E E K E
R W F S A U E J U S E O G X J M
Z E F U Q T N E M T N I O P P A
Y S E H D L O N A T W T I E P I
O K C E F P I T I L Y I T R C N
H F T F G G T P T V V N S I S M
F X U D V O A D N C O G E T X O
O K S A O M X C E S S O A U A S
S E N O I T A T I G O C U R Q J
J A Z I C Q T F C Y I K Q T N D
S U B I R O M X S M U G P L Z T
H E A E E U L Q N E M A T R E C
Q N N G C K D F O T S U J X X S
F V P S S U O I C S N O C B U S
Z B I A U P U E R I T I A O T S
U N A G F M P E R C E P T I O G
```

FUSCE
COGNITIO
MORIBUS
CERTAMEN
EGO
PUERITIA
EXPERITUR
AFFECTUS
TAXATIONEM
CONSCIENTIAM

COGITATIONES
PERCEPTIO
QUAESTIO
APPOINTMENT
RE
SOMNIA
SENSUM
SUBCONSCIOUS
JUSTO

97 - Nature

```
E  M  E  B  W  I  S  E  T  F  N  E  H  V  Z  C
K  U  O  D  U  T  I  R  H  C  L  U  P  J  A  A
A  I  L  V  T  D  L  F  G  K  Y  U  C  B  A  L
S  R  A  M  T  Z  A  M  I  G  L  A  M  Z  D  I
E  A  C  O  D  T  T  A  P  F  U  H  N  E  K  G
X  U  I  T  I  P  I  C  S  U  S  E  B  U  N  O
E  T  P  R  I  P  V  X  X  L  T  L  V  Q  S  M
X  C  O  E  V  C  P  A  C  I  S  E  P  A  E  N
R  N  R  S  E  T  N  O  M  R  Z  W  B  A  R  S
T  A  T  E  D  N  O  R  F  F  E  R  A  N  E  C
S  S  F  D  M  W  K  E  H  D  C  I  C  I  N  Z
S  I  L  V  A  I  O  P  H  R  R  G  C  M  A  F
Y  C  H  Y  W  S  E  O  L  T  T  B  G  A  M  N
O  X  I  F  I  Z  K  Q  K  K  M  K  P  L  L  J
F  B  V  O  N  S  Z  X  W  N  B  E  I  I  O  G
U  W  L  M  X  B  M  K  T  H  H  F  L  A  M  X
```

APES	SILVA
ANIMALIA	GLACIER
ARCTIC	MONTES
PULCHRITUDO	NUBES
CALIGO	PACIS
DESERTO	SANCTUARIUM
SUSCIPIT	FERA
EXESA	SERENA
FRONDE	TROPICAL
FLUMEN	VITALIS

98 - Chimie

```
C P N I J G C N X U S U X T D C
R O L O D B P O M E T A L L I S
H B N N O S B R N R Z I U H U U
Q I G S O F G T B S O H B V Q C
W Q M N E B Y C N J E O N T I I
O C K L V C S E C R Q Q F N L M
S A L A W I T L H A O E U R M O
E N Z Y M E C E J C R O L A C T
N W K Z F U A A T X F B A E T A
I E D L E A T K Z U D D O L D W
L P Y B W L A W B R E W D C G A
A Z I U H O L S I R Y R N U R M
K R I Q W P Y A C I D U M N U K
L X F W P A S U D N O P J C D D
A L D J H B T M O L E C U L O D
V E S T I B U L U M T O R T O R
```

ACIDUM   CONSECTETUER
ALKALINE   ION
ATOMICUS   LIQUID
CARBO   METALLIS
CATALYST   MOLECULO
CALOR   NUCLEAR
CONSEQUAT   DOLOR
ENZYME   PONDUS
ELECTRON   SAL
VESTIBULUM   TORTOR

99 - Bateaux

```
N L H G A E R E U O W E R F I X
A O I I Z R I M P O A N A I B P
U G L N A J I N L J J K T W L M
T O R P T I V A T N A C I A U Q
I C K E P E A E S T U S S E H G
C E A R G E R P O R T T I T O R
I A Y A Z E L F L U M E N H E T
S N A M V I M A V P J F N C N O
Y U K G B E E A C S U L X A I Y
P M R W D N N S V U J K E Y T A
N A V I S G U H A T S P T Q S I
O E Y S A I F B N C B A C S U B
N X X Z A N H Q C U H Y E N S H
Y Z R C S E F M H L Y T O H G Q
D C X O B R Y E O F H R T J E Z
A X K N A U T A R X F B Y A S B
```

ANCHOR
SUSTINEO
LINTER
FUNEM
GREGEM
CANTAVIT
PORTTITOR
FLUMEN
KAYAK
LACUS

AESTUS
NAUTA
MARE
ENGINE
NAUTICIS
OCEANUM
RATIS
FLUCTUS
NAVIS
YACHT

100 - Mesures

```
S F L G M L R E T E M O L I K A
U Q E Y L Y M U D N U F O R P L
J Q E K M S M E T R I I A D G T
G T R M A I C N U T R R S M P I
A B E X R U H O P A A I M R W T
I S T L G H S T M W T N I H U U
J Z E P O N D U S A X C N H N D
W G M Y L K M F D K E H U B S O
E O I W I Z Q A G A S I T F H M
Q T T Q K T Y Q S T R R I K K K
L O N G I T U D O S M G S S E C
G F E O D F V N L M A R G U B F
C E C U S E L A M I C E D B V M
L K L A T I T U D O T N K Y E M
Q J Q S P G Z I D W W E K T W T
B Z L K V E G Z L F M K R E D L
```

CENTIMETER	MASSA
GRADUS	METRI
DECIMALES	MINUTIS
GRAM	BYTE
ALTITUDO	UNCIAM
KILOGRAM	SEXTARIUM
KILOMETER	PONDUS
LATITUDO	INCH
LITER	PROFUNDUM
LONGITUDO	TON

1 - Adjectifs #2

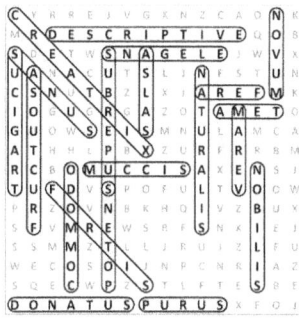

2 - Formes

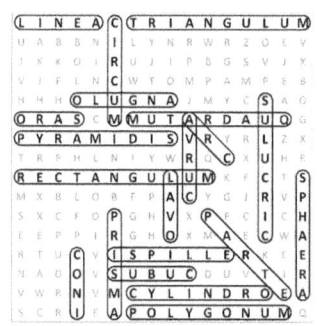

3 - Force et Gravité

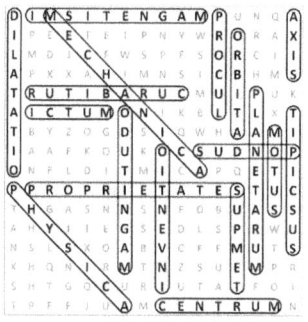

4 - Adjectifs #1

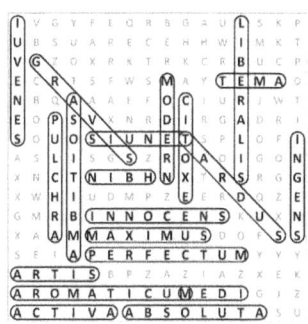

5 - Instruments de Musique

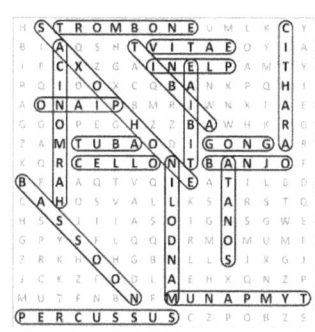

6 - Échecs

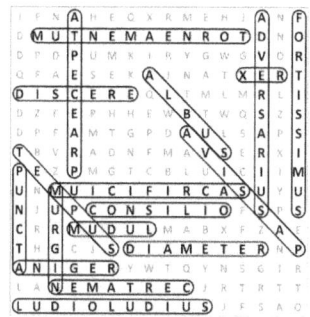

7 - Herboristerie

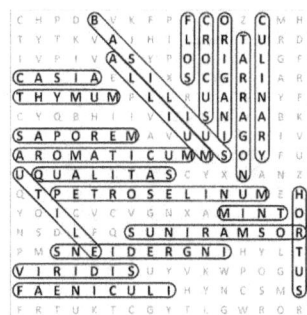

8 - Véhicules

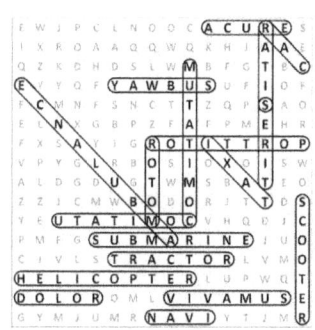

9 - Camping

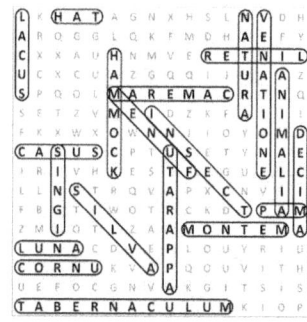

10 - Écologie

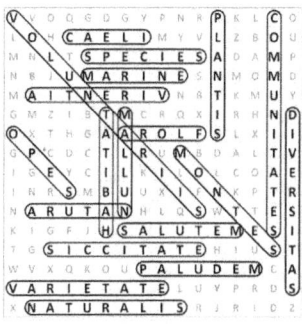

11 - Géométrie

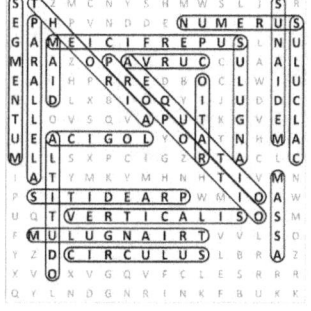

12 - Diplomatie

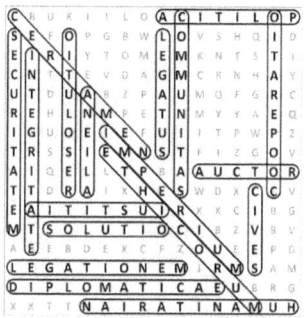

13 - Astronomie

14 - Physique

15 - Types de Cheveux

16 - Archéologie

17 - Mammifères

18 - Mathématiques

19 - Sport

20 - Mythologie

21 - Beauté

22 - Avions

23 - Aventure

24 - Ville

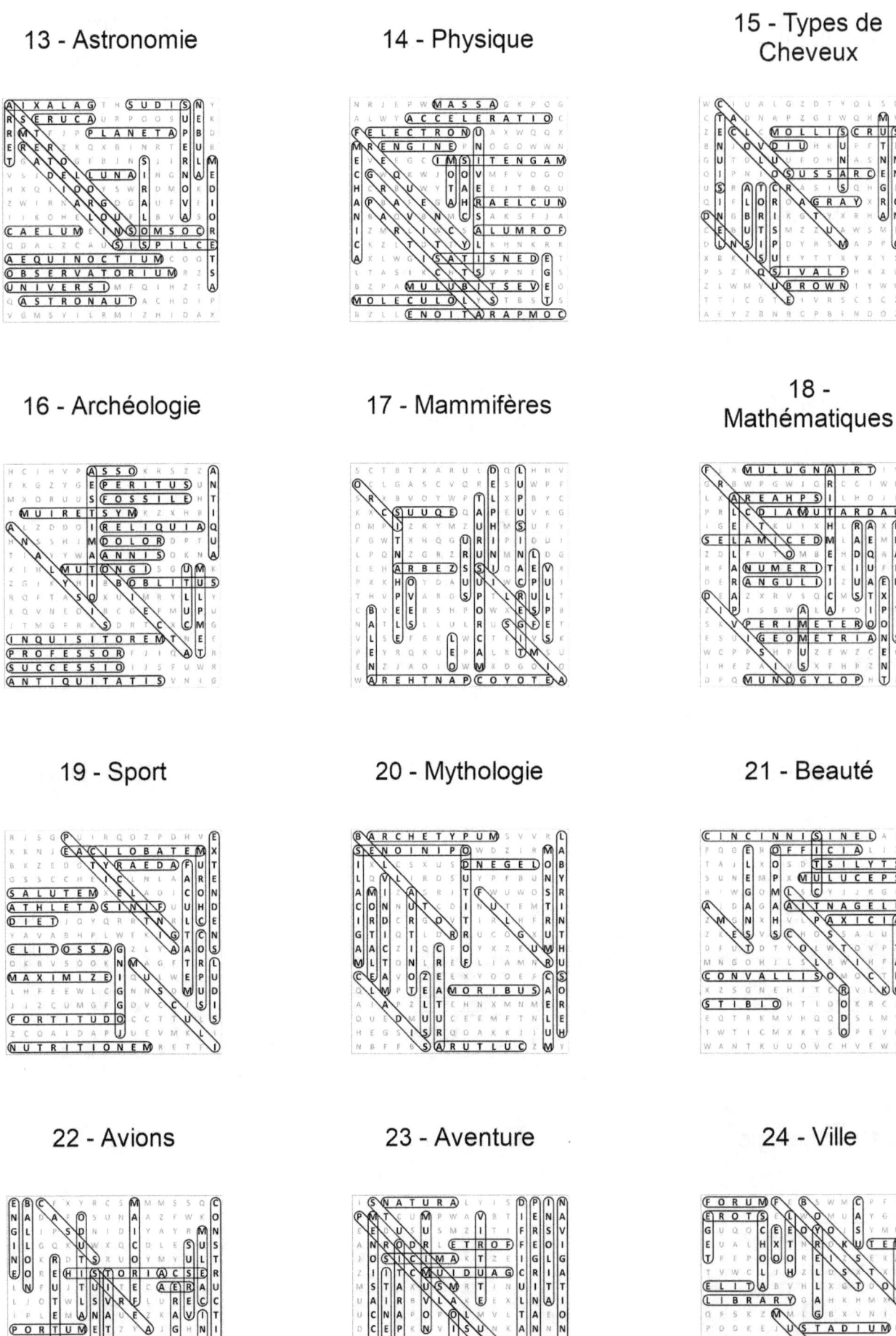

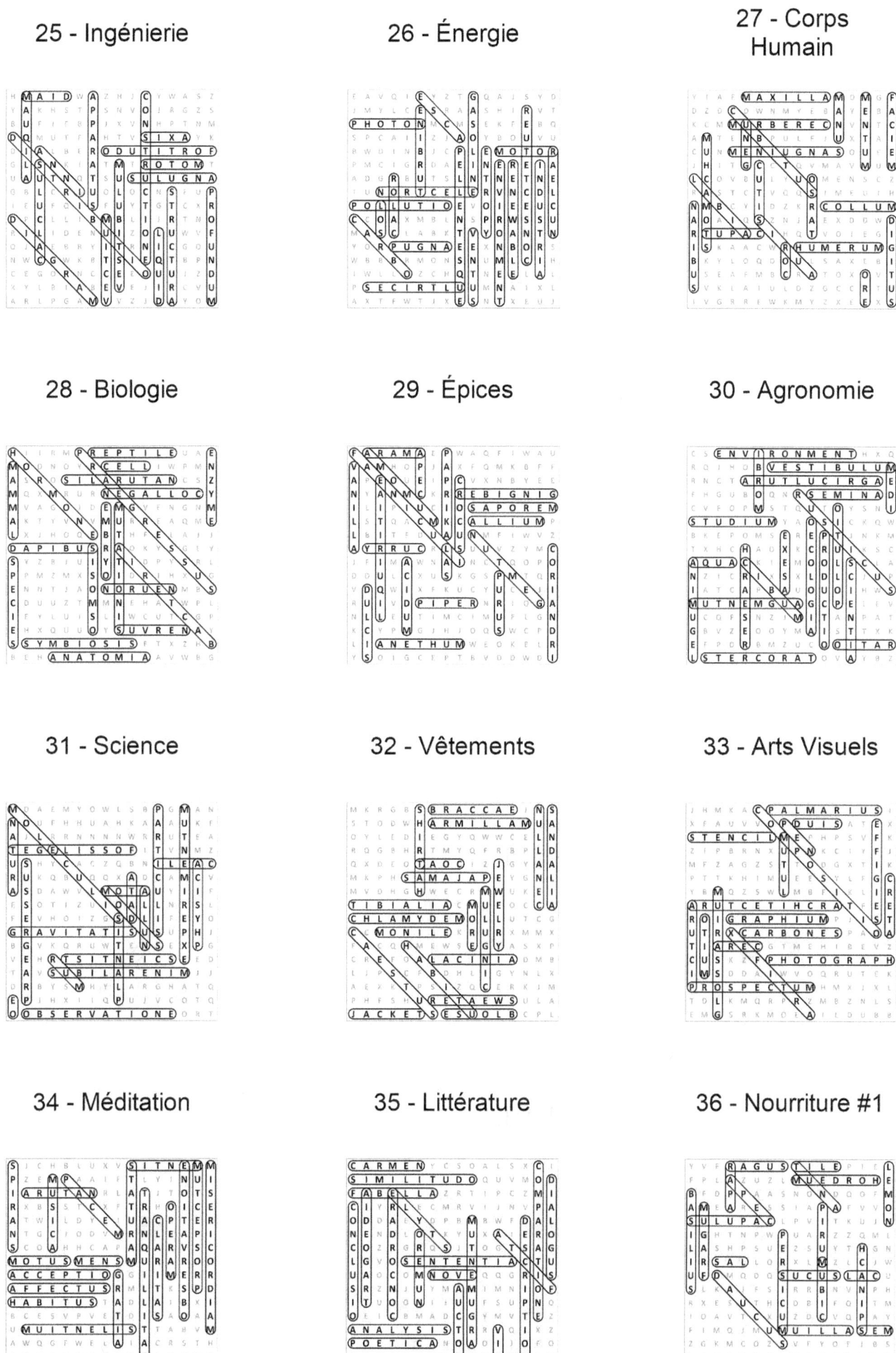

25 - Ingénierie

26 - Énergie

27 - Corps Humain

28 - Biologie

29 - Épices

30 - Agronomie

31 - Science

32 - Vêtements

33 - Arts Visuels

34 - Méditation

35 - Littérature

36 - Nourriture #1

37 - Jours et Mois

38 - Jardinage

39 - Entreprise

40 - Activités

41 - Fleurs

42 - Nourriture #2

43 - Algèbre

44 - Océan

45 - Antiquités

46 - Boxe

47 - Réchauffement Cli

48 - Ballet

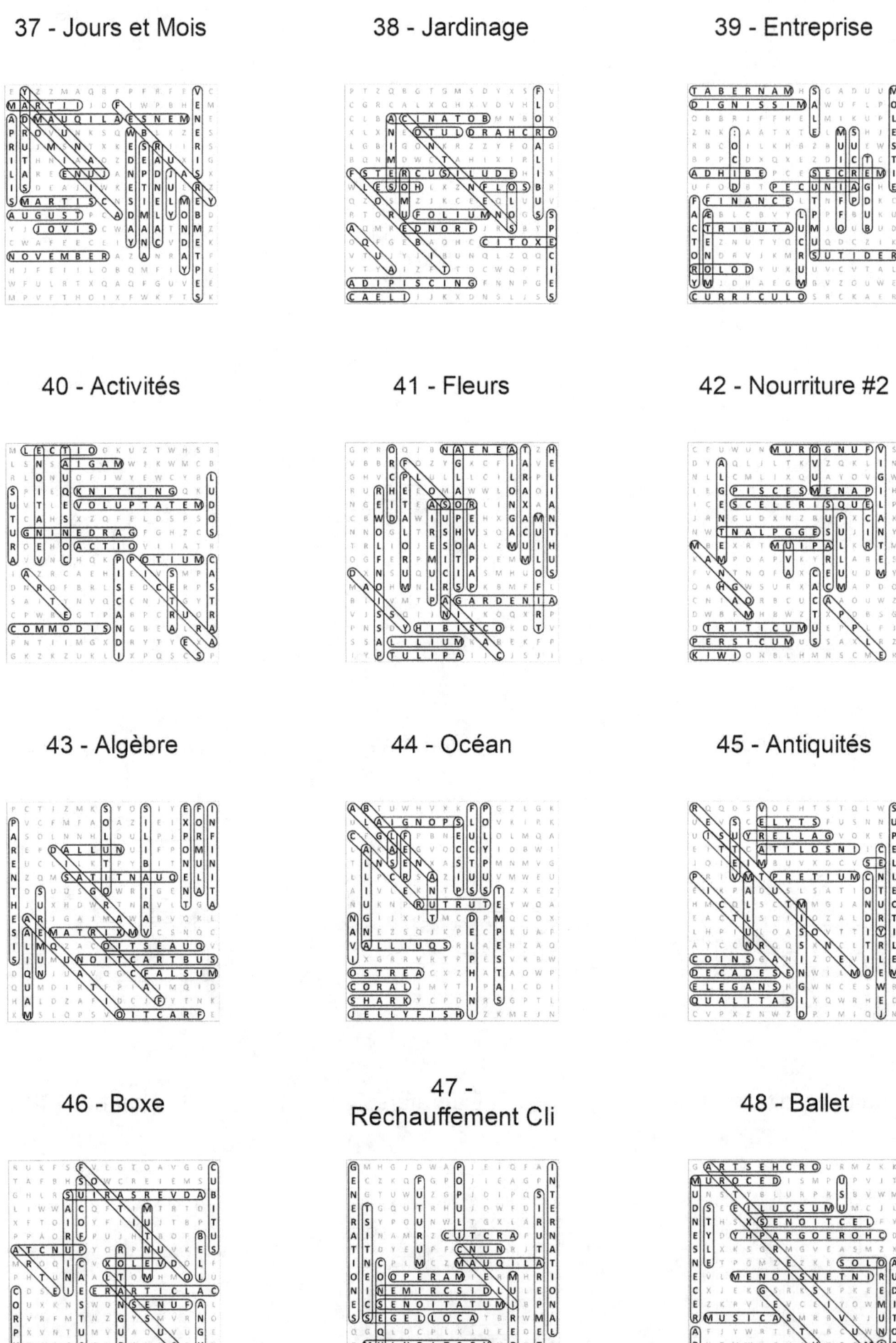

49 - Fruit

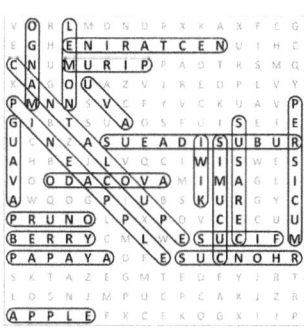

50 - Musique

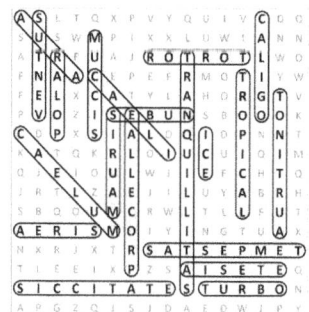

51 - Météo

52 - Gouvernement

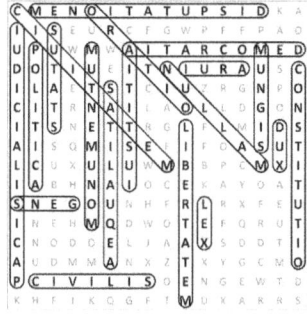

53 - Randonnée

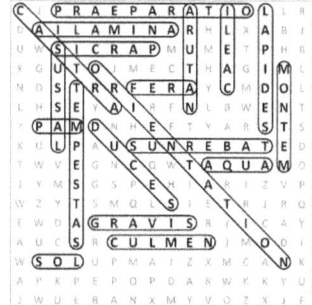

54 - Art

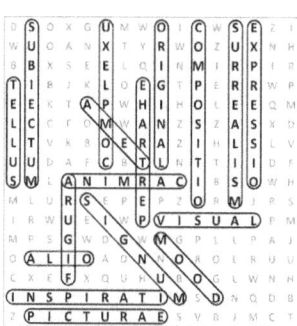

55 - Nutrition

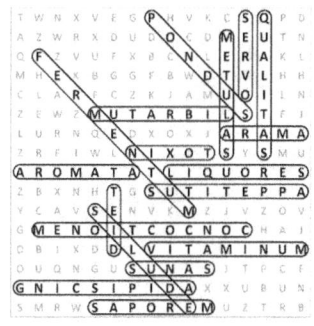

56 - Créativité

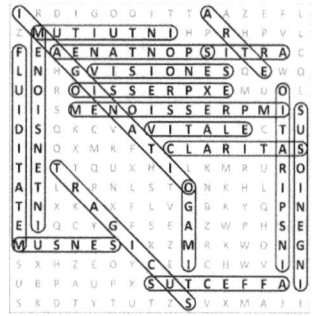

57 - Science Fiction

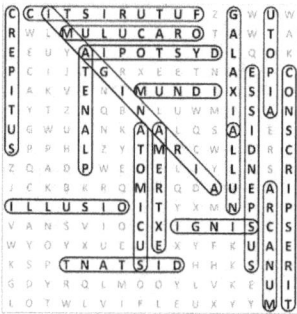

58 - Vertus #1

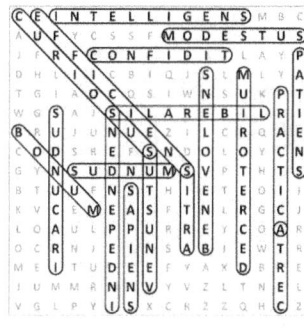

59 - Professions #1

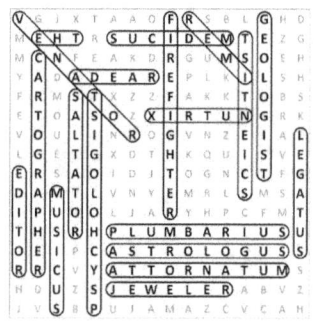

60 - Géologie

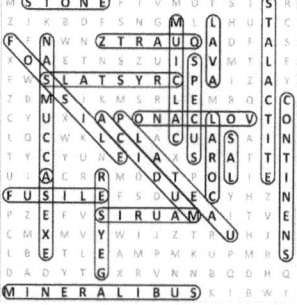

61 - Jardin

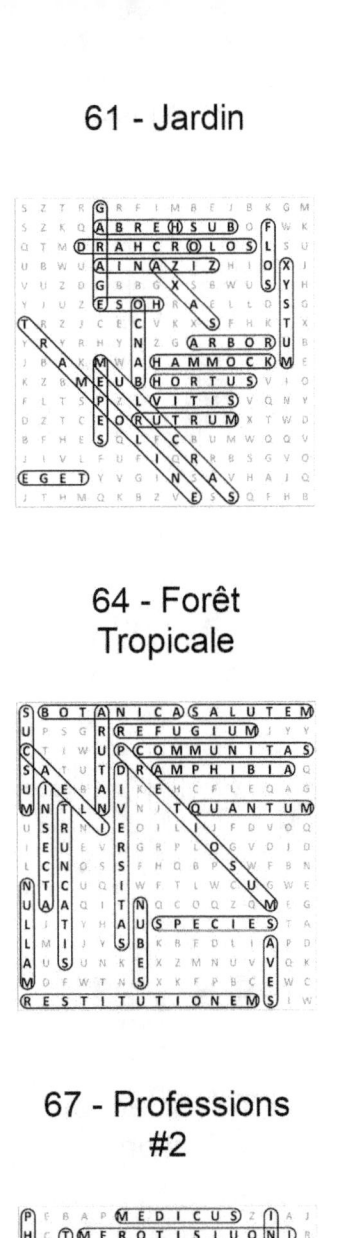

62 - Santé et Bien Être #1

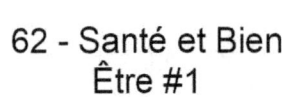
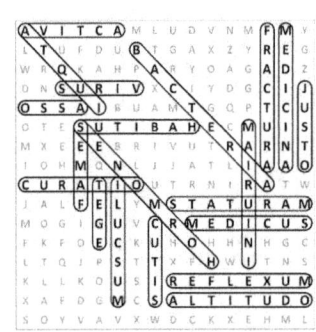

63 - Barbecues

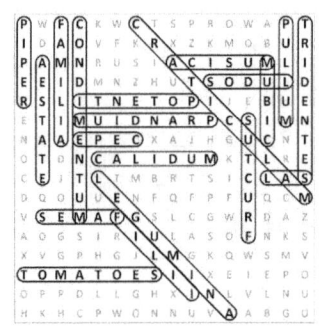

64 - Forêt Tropicale

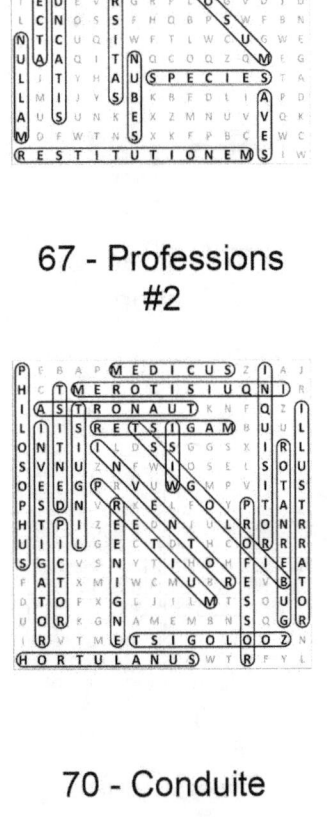

65 - Ferme #1

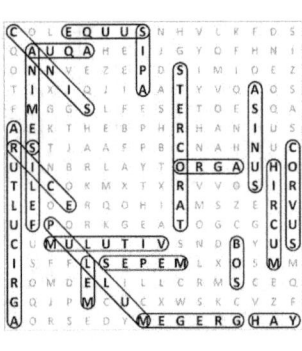

66 - Antarctique

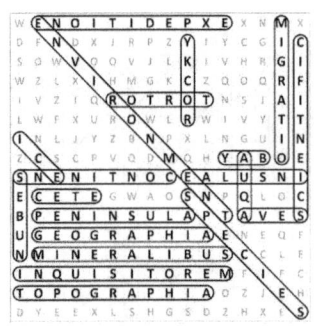

67 - Professions #2

68 - Les Abeilles

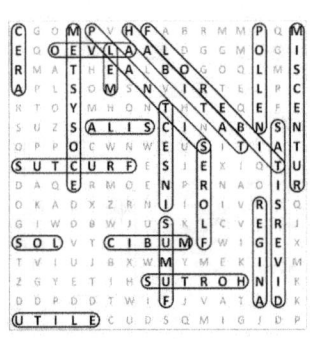

69 - Santé et Bien Être #2

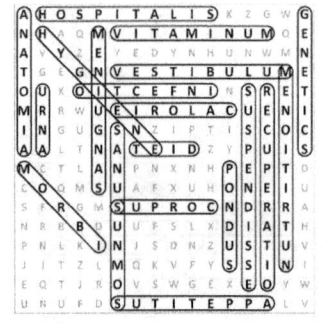

70 - Conduite

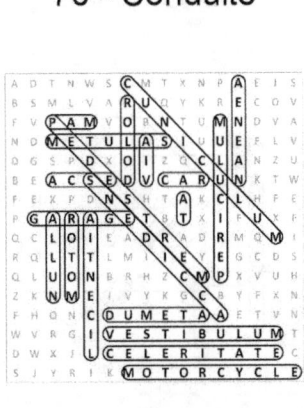

71 - Plantes

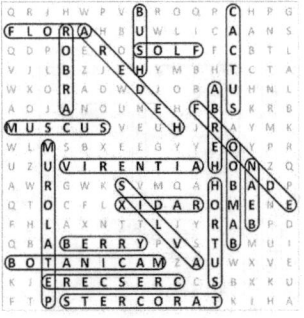

72 - Ferme #2

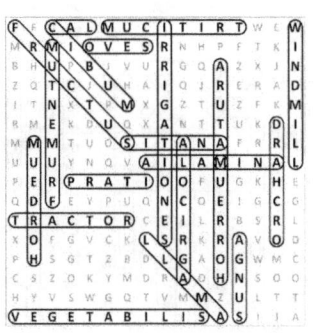

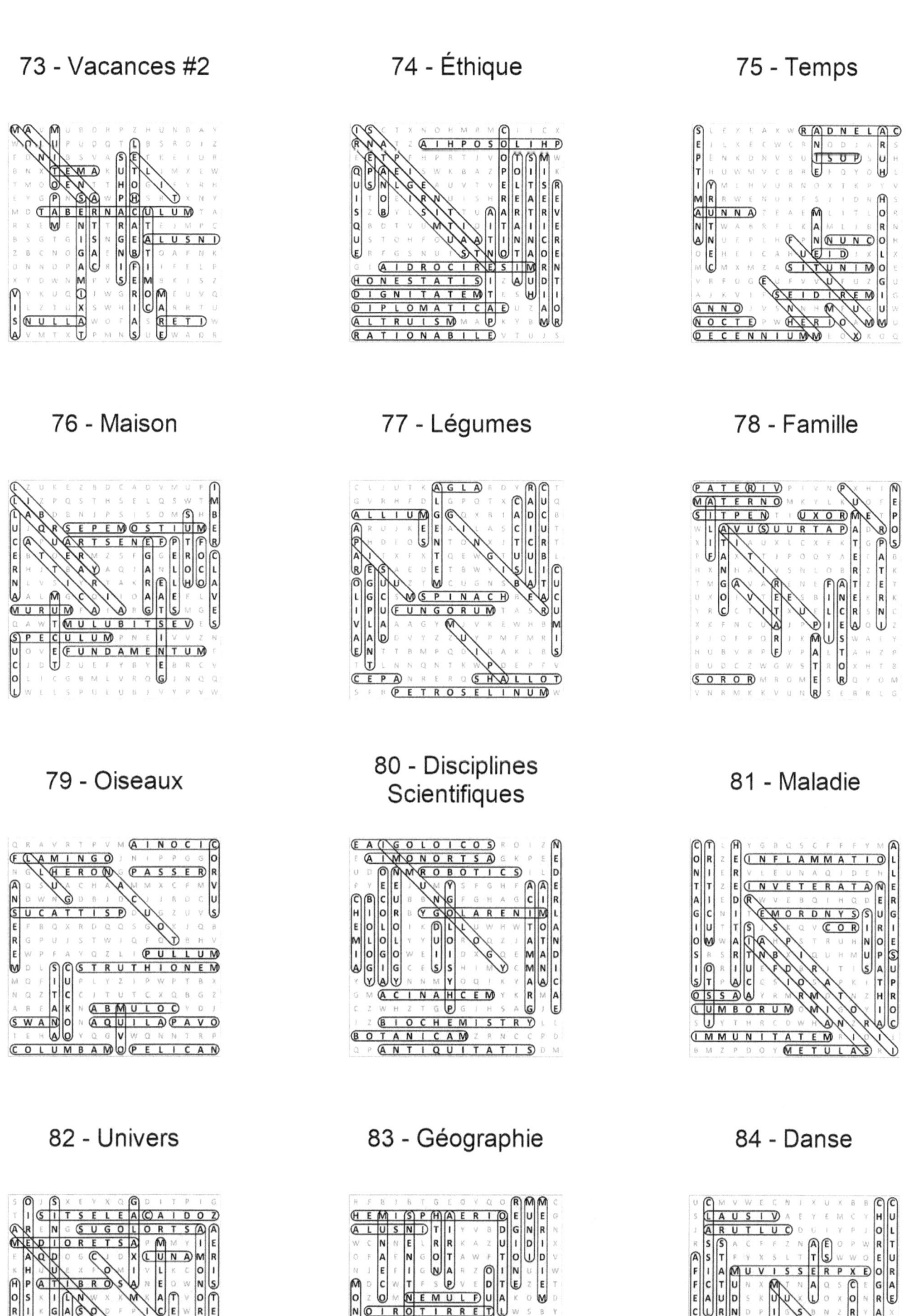

73 - Vacances #2

74 - Éthique

75 - Temps

76 - Maison

77 - Légumes

78 - Famille

79 - Oiseaux

80 - Disciplines Scientifiques

81 - Maladie

82 - Univers

83 - Géographie

84 - Danse

85 - Bâtiments

86 - Pêche

87 - Activités et Loisirs

88 - Livres

89 - Pays #2

90 - Fournitures d'Art

91 - Eau

92 - Jazz

93 - Paysages

94 - Pays #1

95 - Nombres

96 - Psychologie

97 - Nature

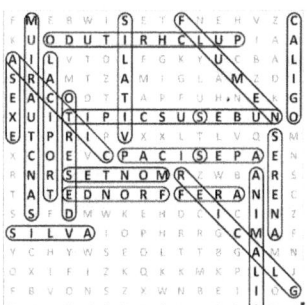

98 - Chimie

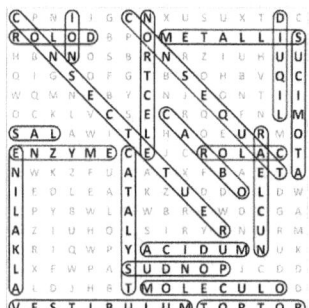

99 - Bateaux

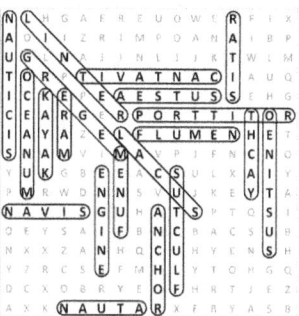

100 - Mesures

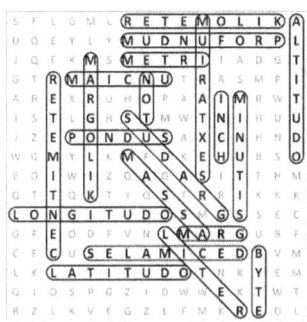

Dictionnaire

Activités
Operationes

Activité	Actio
Art	Es
Artisanat	Artes
Camping	Castra
Chasse	Venatione
Compétence	Arte
Couture	Sutura
Intérêts	Commodis
Jardinage	Gardening
Jeux	Ludos
Lecture	Lectio
Loisir	Otium
Magie	Magia
Peinture	Pictura
Pêche	Piscandi
Photographie	Consequat
Plaisir	Voluptatem
Tricot	Knitting

Activités et Loisirs
Operationes et Otium

Art	Es
Base-Ball	Baseball
Basket-Ball	Ultrices
Boxe	Boxing
Camping	Castra
Football	Dignissim
Golf	Golf
Jardinage	Gardening
Nager	Natantes
Passe-Temps	Hobbies
Peinture	Pictura
Pêche	Piscandi
Plongée	Consequat
Relaxant	Amet
Surf	Superficies
Tennis	Tristique
Volley-Ball	Pulvinar
Voyage	Travel

Adjectifs #1
Adiectiva #1

Absolu	Absoluta
Actif	Activa
Ambitieux	Ambitiosa
Aromatique	Aromaticum
Artistique	Artis
Attractif	Nibh
Beau	Pulchra
Exotique	Exotic
Énorme	Ingens
Généreux	Liberalis
Honnête	Amet
Identique	Idem
Important	Maximus
Innocent	Innocens
Jeune	Iuvenes
Lent	Tardus
Lourd	Gravis
Mince	Tenuis
Moderne	Modern
Parfait	Perfectum

Adjectifs #2
Adiectiva #2

Authentique	Veram
Célèbre	Nobilis
Créatif	Creatrix
Descriptif	Descriptive
Doué	Donatus
Dramatique	Tragicus
Élégant	Elegans
Fier	Superbus
Fort	Fortis
Intéressant	Commodo
Naturel	Naturalis
Nouveau	Novum
Productif	Fructuosa
Puissant	Potens
Pur	Purus
Responsable	Amet
Sain	Sanus
Salé	Salsa
Sauvage	Fera
Sec	Siccum

Agronomie
Agronomy

Agriculture	Agricultura
Croissance	Augmentum
Eau	Aqua
Engrais	Stercorat
Environnement	Environment
Écologie	Oecologia
Énergie	Vestibulum
Érosion	Exesa
Étude	Studium
Graines	Semina
Identification	Idem
Légumes	Legumina
Maladies	Morbi
Nourriture	Cibum
Pollution	Pollutio
Production	Productio
Recherche	Research
Rural	Rusticus
Science	Scientia
Systèmes	Ratio

Algèbre
Algebra

Diagramme	Diagram
Exposant	Exponent
Équation	Aequatio
Facteur	Factor
Faux	Falsum
Formule	Formula
Fraction	Fractio
Graphique	F
Infini	Infinita
Linéaire	Linearibus
Matrice	Matrix
Nombre	Numerus
Parenthèse	Parenthesis
Problème	Quaestio
Quantité	Quantitas
Simplifier	Aliquam
Solution	Solutio
Soustraction	Subtraction
Variable	Variabilis
Zéro	Nulla

Antarctique
Antarctica

Baie	Bay
Baleines	Cete
Chercheur	Inquisitorem
Continent	Continens
Eau	Aqua
Environnement	Environment
Espèce	Species
Expédition	Expeditione
Géographie	Geographia
Glace	Ice
Îles	Insulae
Migration	Migratio
Minéraux	Mineralibus
Nuage	Nubes
Oiseaux	Aves
Péninsule	Peninsula
Rocheux	Rocky
Scientifique	Scientific
Température	Tortor
Topographie	Topographia

Antiquités
Antiques

Art	Es
Article	Item
Authentique	Veram
Bijoux	Jewelry
Condition	Conditio
Décennies	Decades
Décoratif	Nullam
Élégant	Elegans
Galerie	Gallery
Inhabituel	Insolita
Investissement	Dignissim
Meubles	Supellectilem
Peintures	Picturae
Pièces	Coins
Prix	Pretium
Qualité	Qualitas
Restauration	Restitutionem
Siècle	Century
Style	Style
Vieux	Vetus

Archéologie
Antiquitatis

Analyse	Analysis
Ancien	Antiqua
Années	Annis
Antiquité	Antiquitatis
Chercheur	Inquisitorem
Civilisation	Cultu
Descendant	Successio
Expert	Peritus
Équipe	Dolor
Évaluation	Aestimatio
Fossile	Fossile
Inconnu	Ignotum
Mystère	Mysterium
Objets	Obiecta
Os	Ossa
Oublié	Oblitus
Professeur	Professor
Relique	Reliquia
Temple	Templum
Tombe	Monumentum

Art
Es

Céramique	Tellus
Complexe	Complexu
Composition	Compositio
Dépeindre	Pertrahe
Expression	Expressio
Figure	Figura
Honnête	Amet
Humeur	Mood
Inspiré	Inspirati
Original	Original
Peintures	Picturae
Personnel	Alio
Poésie	Carmina
Sujet	Subiectum
Surréalisme	Surrealism
Symbole	Signum
Visuel	Visual

Arts Visuels
Artibus

Architecture	Architectura
Argile	Lutum
Artiste	Artifex
Charbon	Carbones
Chef-D'Œuvre	Palmarius
Chevalet	Otium
Cire	Cera
Composition	Compositio
Craie	Creta
Crayon	Graphium
Créativité	Glossarium
Film	Duis
Peinture	Pictura
Perspective	Prospectum
Photographie	Photograph
Pochoir	Stencil
Portrait	Effigies
Stylo	Pen

Astronomie
Astronomia

Astéroïde	Asteroidem
Astronaute	Astronaut
Astronome	Astrologus
Ciel	Caelum
Constellation	Sidus
Cosmos	Cosmos
Éclipse	Eclipsis
Équinoxe	Aequinoctium
Fusée	Eruca
Galaxie	Galaxia
Lune	Luna
Météore	Meteoron
Nébuleuse	Nebula
Observatoire	Observatorium
Planète	Planeta
Radiation	Radialis
Solaire	Solaris
Supernova	Supernova
Terre	Terra
Univers	Universi

Aventure
Casus

Activité	Actio
Amis	Amicis
Beauté	Pulchritudo
Bravoure	Virtute
Chance	Forte
Dangereux	Periculosum
Difficulté	Difficultas
Enthousiasme	Studium
Excursion	Peregrinandum
Inhabituel	Insolita
Itinéraire	Itinerarium
Joie	Gaudium
Nature	Natura
Navigation	Navigationem
Nouveau	Novum
Opportunité	Occasionem
Préparation	Praeparatio
Sécurité	Salutem
Surprenant	Mirum

Avions
Airplanes

Air	Aer
Atmosphère	Aeris
Atterrissage	Portum
Aventure	Casus
Ballon	Balloon
Carburant	Esca
Ciel	Caelum
Construction	Constructione
Descente	Descensus
Direction	Versus
Équipage	Cantavit
Gonfler	Inflamus
Hauteur	Altitudo
Histoire	Historia
Hydrogène	Consectetuer
Moteur	Engine
Naviguer	Navigare
Passager	Transeunte
Pilote	Gubernator
Turbulence	Ferociam

Ballet
Talarium

Artistique	Artis
Chorégraphie	Choreography
Compétence	Arte
Compositeur	Compositor
Danseurs	Saltatores
Expressif	Expressivum
Geste	Gestu
Gracieux	Decorum
Intensité	Intensionem
Leçons	Lectiones
Muscles	Musculi
Musique	Musica
Orchestre	Orchestra
Pratique	Usu
Public	Auditores
Répétition	Recensendum
Rythme	Numero
Solo	Solo
Style	Style
Technique	Ars

Barbecues
Barbecues

Chaud	Calidum
Dîner	Prandium
Enfants	Filii
Été	Aestate
Faim	Fames
Famille	Familia
Fourchettes	Tridentes
Fruit	Fructus
Gril	Craticulam
Jeux	Ludos
Légumes	Legumina
Musique	Musica
Nourriture	Cibum
Oignons	Cepe
Poivre	Piper
Poulet	Pullum
Salades	Potenti
Sauce	Condimentum
Sel	Sal
Tomates	Tomatoes

Bateaux
Navibus

Ancre	Anchor
Bouée	Sustineo
Canoë	Linter
Corde	Funem
Dock	Gregem
Équipage	Cantavit
Ferry	Porttitor
Fleuve	Flumen
Kayak	Kayak
Lac	Lacus
Marée	Aestus
Marin	Nauta
Mer	Mare
Moteur	Engine
Nautique	Nauticis
Océan	Oceanum
Radeau	Ratis
Vagues	Fluctus
Voilier	Navis
Yacht	Yacht

Bâtiments
Aedificia

Ambassade	Legationem
Appartement	Duis
Atelier	Officina
Cabine	Cameram
Château	Castrum
École	Schola
Garage	Garage
Grange	Horreum
Hôpital	Hospitalis
Hôtel	Hotel
Laboratoire	Nulla
Musée	Museum
Observatoire	Observatorium
Stade	Stadium
Supermarché	Forum
Tente	Tabernaculum
Théâtre	Theatrum
Tour	Turris
Université	University
Usine	Factory

Beauté
Pulchritudo

Boucles	Cincinnis
Charme	Leporem
Ciseaux	Axicia
Cosmétique	Stibio
Couleur	Color
Élégance	Elegantia
Élégant	Elegans
Grâce	Gratia
Lisse	Lenis
Mascara	Convallis
Miroir	Speculum
Parfum	Odor
Peau	Cutis
Photogénique	Amet
Rouge à Lèvres	Lipstick
Services	Officia
Shampooing	Shampoo
Styliste	Stylist

Biologie
Biology

Anatomie	Anatomia
Bactéries	Bacteria
Cellule	Cell
Chromosome	Chromosome
Collagène	Collagen
Embryon	Embryo
Enzyme	Enzyme
Espèce	Species
Évolution	Praegressus
Hormone	Hormone
Mammifère	Mammal
Mutation	Mutationis
Naturel	Naturalis
Nerf	Nervus
Neurone	Neuron
Osmose	Osmosis
Protéine	Dapibus
Reptile	Reptile
Symbiose	Symbiosis
Synapse	Synapse

Boxe
Boxing

Adversaire	Adversarius
Arbitre	Referendarius
Blessures	Iniurias
Cloche	Bell
Coin	Angulo
Combattant	Pugnator
Compétence	Arte
Concentrer	Focus
Cordes	Funes
Corps	Corpus
Coude	Cubitus
Coup	Calcitrare
Épuisé	Lassus
Force	Fortitudo
Gants	Caestus
Menton	Mentum
Poing	Pugno
Points	Puncta
Rapide	Velox
Récupération	Recuperatio

Camping
Castra

Animaux	Animalia
Aventure	Casus
Boussole	Decima
Cabine	Cameram
Canoë	Linter
Carte	Map
Chapeau	Hat
Chasse	Venatione
Corde	Funem
Équipement	Apparatu
Feu	Ignis
Forêt	Silva
Hamac	Hammock
Insecte	Insect
Lac	Lacus
Lanterne	Cornu
Lune	Luna
Montagne	Montem
Nature	Natura
Tente	Tabernaculum

Chimie
Chemia

Acide	Acidum
Alcalin	Alkaline
Atomique	Atomicus
Carbone	Carbo
Catalyseur	Catalyst
Chaleur	Calor
Chlore	Consequat
Enzyme	Enzyme
Électron	Electron
Gaz	Vestibulum
Hydrogène	Consectetuer
Ion	Ion
Liquide	Liquid
Métaux	Metallis
Molécule	Moleculo
Nucléaire	Nuclear
Oxygène	Dolor
Poids	Pondus
Sel	Sal
Température	Tortor

Conduite
Pulsis

Accident	Accidens
Camion	Dolor
Carburant	Esca
Carte	Map
Danger	Periculum
Freins	Dumeta
Garage	Garage
Gaz	Vestibulum
Licence	Licentia
Moteur	Motor
Moto	Motorcycle
Piéton	Pedestrem
Police	At
Route	Via
Sécurité	Salutem
Trafic	Aenean
Transport	Nulla
Tunnel	Cuniculum
Vitesse	Celeritate
Voiture	Car

Corps Humain
Corpus Humanum

Bouche	Ore
Cerveau	Cerebrum
Cheville	Tarso
Cou	Collum
Coude	Cubitus
Cœur	Cor
Doigt	Digitus
Estomac	Stomachum
Épaule	Humerum
Genou	Genu
Lèvres	Labia
Main	Manu
Mâchoire	Maxilla
Menton	Mentum
Nez	Naribus
Oreille	Auris
Peau	Cutis
Sang	Sanguinem
Tête	Caput
Visage	Faciem

Créativité
Glossarium

Artistique	Artis
Clarté	Claritas
Compétence	Arte
Dramatique	Tragicus
Expression	Expressio
Émotions	Affectus
Fluidité	Fluiditatem
Image	Imago
Imagination	Imaginatio
Impression	Impressionem
Inspiration	Inspiratio
Intensité	Intensionem
Intuition	Intuitum
Inventif	Ingeniosus
Sensation	Sensum
Spontané	Spontanea
Visions	Visiones
Vitalité	Vitale

Danse
Chorus

Académie	Academiae
Art	Es
Chorégraphie	Choreography
Classique	Classical
Corps	Corpus
Culture	Cultura
Culturel	Culturae
Expressif	Expressivum
Émotion	Affectus
Grâce	Gratia
Joyeux	Laeta
Mouvement	Motus
Musique	Musica
Partenaire	Socium
Posture	Staturam
Répétition	Recensendum
Rythme	Numero
Traditionnel	Traditum
Visuel	Visual

Diplomatie
Condicionibus

Ambassade	Legationem
Ambassadeur	Legatus
Citoyens	Cives
Communauté	Communitas
Conflit	Certamen
Conseiller	Auctor
Coopération	Cooperatio
Diplomatique	Diplomaticae
Discussion	Disputationem
Éthique	Ethicorum
Étranger	Aliena
Gouvernement	Imperium
Humanitaire	Humanitarian
Intégrité	Integritate
Justice	Iustitia
Politique	Politica
Résolution	Resolutio
Sécurité	Securitatem
Solution	Solutio
Traité	Tractatus

Disciplines Scientifiques
Scientifica Disciplinis

Anatomie	Anatomia
Archéologie	Antiquitatis
Astronomie	Astronomia
Biochimie	Biochemistry
Biologie	Biology
Botanique	Botanicam
Chimie	Chemia
Écologie	Oecologia
Géologie	Nederlandicae
Immunologie	Immunology
Linguistique	Grammatica
Mécanique	Mechanica
Météorologie	Meteorology
Minéralogie	Mineralogy
Neurologie	Neurology
Physiologie	Physiology
Psychologie	Duis
Robotique	Robotics
Sociologie	Sociologiae
Zoologie	Zoologicam

Eau
Aqua

Canal	Canalis
Douche	Imber
Évaporation	Evaporatio
Fleuve	Flumen
Gel	Gelu
Geyser	Geyser
Glace	Ice
Humide	Humido
Humidité	Humiditas
Inondation	Diluvium
Irrigation	Irrigationes
Lac	Lacus
Mousson	Etesia
Neige	Nix
Océan	Oceanum
Ouragan	Procellae
Pluie	Pluvia
Potable	Drinkable
Vagues	Fluctus
Vapeur	Vapor

Entreprise
Negotium

Argent	Pecunia
Boutique	Tabernam
Budget	Budget
Bureau	Officium
Carrière	Curriculo
Coût	Sumptus
Devise	Monetæ
Employeur	Dico:
Employé	Molestie
Entreprise	Dolor
Économie	Parcus
Finance	Finance
Impôts	Tributa
Investissement	Dignissim
Marchandise	Merces
Profit	Lucrum
Revenu	Reditus
Transaction	Adhibe
Usine	Factory
Vente	Sale

Échecs
Latrunculorum

Adversaire	Adversarius
Apprendre	Discere
Blanc	Albus
Champion	Fortissimus
Concours	Certamen
Diagonal	Diameter
Jeu	Ludum
Joueur	Ludio Ludius
Noir	Nigrum
Passif	Passiva
Points	Puncta
Reine	Regina
Règles	Praecepta
Roi	Rex
Sacrifice	Sacrificium
Stratégie	Consilio
Temps	Tempus
Tournoi	Torneamentum

Écologie
Oecologia

Bénévoles	Voluntariis
Climat	Caeli
Communautés	Communitates
Diversité	Diversitas
Durable	Nullam
Espèce	Species
Flore	Flora
Habitat	Habitat
Marais	Paludem
Marin	Marine
Montagnes	Montes
Nature	Natura
Naturel	Naturalis
Plantes	Plantis
Ressources	Opes
Sécheresse	Siccitate
Survie	Salutem
Variété	Varietate
Végétation	Virentia

Énergie
Vestibulum

Batterie	Pugna
Carbone	Carbo
Carburant	Esca
Chaleur	Calor
Diesel	Pellentesque
Entropie	Entropy
Environnement	Environment
Essence	Gasoline
Électrique	Ultrices
Électron	Electron
Hydrogène	Consectetuer
Industrie	Industria
Moteur	Motor
Nucléaire	Nuclear
Photon	Photon
Pollution	Pollutio
Renouvelable	Renewable
Soleil	Sol
Turbine	Turbine
Vent	Ventus

Épices
Aromata

Aigre	Acidum
Ail	Allium
Amer	Amara
Anis	Anethum
Cardamome	Amomum
Coriandre	Coriandri
Curry	Curry
Doux	Dulcis
Fenouil	Faeniculi
Gingembre	Gingiber
Muscade	Nutmeg
Oignon	Cepa
Paprika	Paprika
Piment	Purus
Poivre	Piper
Réglisse	Liquiritiae
Safran	Crocus
Saveur	Saporem
Sel	Sal
Vanille	Vanilla

Éthique
Ethicorum

Altruisme	Altruism
Compassion	Misericordia
Coopération	Cooperatio
Dignité	Dignitatem
Diplomatique	Diplomaticae
Gentillesse	Misericordiam
Honnêteté	Honestatis
Humanité	Humanitatis
Individualisme	Quisque
Intégrité	Integritate
Optimisme	Spe
Patience	Patientia
Philosophie	Philosophia
Raisonnable	Rationabile
Respectueux	Reverentior
Réalisme	Realismus
Sagesse	Sapientia
Tolérance	Tolerantia
Valeurs	Bona

Famille
Familia

Ancêtre	Ancestor
Cousin	Cognata
Enfance	Pueritia
Enfant	Puer
Enfants	Filii
Femme	Uxor
Fille	Filia
Frère	Frater
Grand-Mère	Avia
Grand-Père	Avus
Mari	Vir
Maternel	Materno
Mère	Mater
Neveu	Nepos
Nièce	Neptis
Oncle	Patruus
Paternel	Paterni
Père	Pater
Soeur	Soror
Tante	Matertera

Ferme #1
Farm #1

Abeille	Apis
Agriculture	Agricultura
Âne	Asinus
Champ	Agro
Chat	Felis
Cheval	Equus
Chèvre	Hircum
Chien	Canis
Clôture	Sepem
Corbeau	Corvus
Eau	Aqua
Engrais	Stercorat
Foin	Hay
Graines	Semina
Miel	Mel
Poulet	Pullum
Riz	Rice
Troupeau	Gregem
Vache	Bos
Veau	Vitulum

Ferme #2
Farm #2

Agneau	Agnus
Agriculteur	Agricola
Animaux	Animalia
Blé	Triticum
Canard	Anatis
Fruit	Fructus
Grange	Horreum
Irrigation	Irrigationes
Lait	Lac
Lama	Llama
Légume	Vegetabilis
Maïs	Frumentum
Moulin à Vent	Windmill
Mouton	Oves
Mûr	Matura
Nourriture	Cibum
Orge	Hordeum
Pré	Prati
Tracteur	Tractor
Verger	Orchard

Fleurs
Flores

Bouquet	Flos
Gardénia	Gardenia
Hibiscus	Hibisco
Jasmin	Aenean
Jonquille	Narcissus
Lavande	Casia
Lys	Lilium
Magnolia	Magnolia
Marguerite	Daisy
Orchidée	Orchid
Passiflore	Passionflower
Pavot	Papaver
Pétale	Petalorum
Pissenlit	Taraxacum
Pivoine	Aglaophotis
Plumeria	Plumeria
Rose	Rosa
Tournesol	Helianthus
Trèfle	Trifolium
Tulipe	Tulipa

Force et Gravité
Vim et Gravitatem

Axe	Axis
Centre	Centrum
Découverte	Inventio
Distance	Procul
Dynamique	Suscipit
Expansion	Dilatatio
Impact	Ictum
Magnétisme	Magnetismi
Magnitude	Magnitudo
Mécanique	Mechanica
Mouvement	Motus
Orbite	Orbita
Physique	Physica
Planètes	Planetarum
Poids	Pondus
Pression	Curabitur
Propriétés	Proprietates
Temps	Tempus
Universel	Universalis
Vitesse	Celeritate

Forêt Tropicale
Rainforest

Amphibiens	Amphibia
Botanique	Botanica
Climat	Caeli
Communauté	Communitas
Diversité	Diversitas
Espèce	Species
Insectes	Insecta
Jungle	Truncatis
Mammifères	Nullam
Mousse	Muscus
Nature	Natura
Nuage	Nubes
Oiseaux	Aves
Précieux	Pretiosum
Refuge	Refugium
Respect	Quantum
Restauration	Restitutionem
Survie	Salutem

Formes
Figuris

Arc	Arc
Bords	Oras
Carré	Quadratum
Cercle	Circulus
Coin	Angulo
Courbe	Curva
Cône	Coni
Côté	Parte
Cube	Cubus
Cylindre	Cylindro
Ellipse	Ellipsi
Ligne	Linea
Ovale	Oval
Polygone	Polygonum
Prisme	Prisma
Pyramide	Pyramidis
Rectangle	Rectangulum
Rond	Circum
Sphère	Sphaera
Triangle	Triangulum

Fournitures d'Art
Artis Commeatibus

Acrylique	Donec
Aquarelles	Watercolors
Argile	Lutum
Brosses	Perterget
Caméra	Camera
Chaise	Cathedra
Charbon	Carbones
Chevalet	Otium
Colle	Gluten
Couleurs	Colores
Crayons	Penicilli
Créativité	Glossarium
Eau	Aqua
Encre	Atramentum
Gomme	Deleo
Huile	Oleum
Papier	Charta
Table	Mensam

Fruit
Fructus

Ananas	Pineapple
Avocat	Avocado
Baie	Berry
Cantaloup	Cantaloupe
Cerise	Cerasus
Citron	Lemon
Figue	Ficus
Framboise	Rubus Idaeus
Goyave	Guava
Kiwi	Kiwi
Mangue	Mango
Melon	Cucumis
Nectarine	Nectarine
Orange	Rhoncus
Papaye	Papaya
Pêche	Persicum
Poire	Pirum
Pomme	Apple
Prune	Pruno
Raisin	Uva

Géographie
Geographia

Altitude	Altitudo
Atlas	Atlas
Carte	Map
Continent	Continens
Fleuve	Flumen
Hémisphère	Hemisphaerio
Île	Insula
Latitude	Latitudo
Mer	Mare
Méridien	Meridianus
Monde	Mundi
Montagne	Montem
Nord	North
Océan	Oceanum
Ouest	West
Pays	Patria
Région	Regione
Sud	Meridiem
Territoire	Territorio
Ville	Urbem

Géologie
Nederlandicae

Acide	Acidum
Calcium	Calcium
Caverne	Specus
Continent	Continens
Corail	Coral
Couche	Accumsan
Cristaux	Crystals
Érosion	Exesa
Fondu	Fusile
Fossile	Fossile
Geyser	Geyser
Lave	Lava
Minéraux	Mineralibus
Pierre	Stone
Plateau	Plateau
Quartz	Quartz
Sel	Sal
Stalactite	Stalactite
Volcan	Volcano
Zone	Mauris

Géométrie
Geometria

Angle	Angulus
Calcul	Calculus
Cercle	Circulus
Courbe	Curva
Diamètre	Diam
Dimension	Ratio
Équation	Aequatio
Hauteur	Altitudo
Logique	Logica
Masse	Massa
Médian	Medianus
Nombre	Numerus
Parallèle	Parallela
Proportion	Proportio
Segment	Segmentum
Surface	Superficiem
Symétrie	Praeditis
Théorie	Theoria
Triangle	Triangulum
Vertical	Verticalis

Gouvernement
Imperium

Citoyenneté	Ciuitatem
Civil	Civilis
Constitution	Constitutio
Démocratie	Democratia
Discours	Oratio
Discussion	Disputationem
District	Nullam
Droits	Iura
Égalité	Aequalitas
État	Status
Judiciaire	Iudicialis
Justice	Iustitia
Leader	Dux
Liberté	Libertatem
Loi	Lex
Monument	Monumentum
Nation	Gens
Paisible	Pacis
Politique	Politica
Symbole	Signum

Herboristerie
Herbalism

Ail	Allium
Aromatique	Aromaticum
Basilic	Basilius
Bénéfique	Utile
Culinaire	Culinary
Estragon	Tarragon
Fenouil	Faeniculi
Fleur	Flos
Ingrédient	Ingrediens
Jardin	Hortus
Lavande	Casia
Marjolaine	Origani
Menthe	Mint
Persil	Petroselinum
Qualité	Qualitas
Romarin	Rosmarinus
Safran	Crocus
Saveur	Saporem
Thym	Thymum
Vert	Viridis

Ingénierie
Lorem Ipsum

Angle	Angulus
Axe	Axis
Calcul	Calculus
Construction	Constructione
Diagramme	Diagram
Diamètre	Diam
Diesel	Pellentesque
Distribution	Distributio
Engrenages	Anni
Énergie	Vestibulum
Force	Fortitudo
Leviers	Vectium
Liquide	Liquid
Machine	Apparatus
Mesure	Aliquam
Moteur	Motor
Profondeur	Profundum
Propulsion	Propellentem
Stabilité	Stabilitatem
Structure	Structura

Instruments de Musique
Organis

Banjo	Banjo
Basson	Bassoon
Carillons	Pleni
Clarinette	Tibiae
Flûte	Tibia
Gong	Gong
Guitare	Cithara
Harmonica	Harmonica
Hautbois	Sonata
Mandoline	Mandolin
Percussion	Percussus
Piano	Piano
Saxophone	Saxophone
Tambourin	Tympanum
Trombone	Trombone
Trompette	Tuba
Violon	Vitae
Violoncelle	Cello

Jardin
Hortus

Arbre	Arbor
Banc	Banco
Buisson	Bush
Clôture	Sepem
Étang	Eget
Fleur	Flos
Garage	Garage
Hamac	Hammock
Herbe	Herba
Jardin	Hortus
Mauvaises Herbes	Zizania
Pelle	Rutrum
Râteau	Sarculum
Roches	Saxa
Sol	Solo
Terrasse	Xystum
Trampoline	Trampoline
Tuyau	Hose
Verger	Orchard
Vigne	Vitis

Jardinage
Gardening

Botanique	Botanica
Bouquet	Flos
Climat	Caeli
Comestible	Edulis
Compost	Stercus
Eau	Aqua
Espèce	Species
Exotique	Exotic
Feuillage	Fronde
Feuille	Folium
Fleur	Florebit
Floral	Floralibus
Graines	Semina
Humidité	Umor
Récipient	Continens
Saisonnier	Adipiscing
Saleté	Luto
Sol	Solo
Tuyau	Hose
Verger	Orchard

Jazz
Jazz

Album	Album
Artiste	Artifex
Célèbre	Nobilis
Chanson	Canticum
Compositeur	Compositor
Composition	Compositio
Concert	Concert
Favoris	Favorites
Genre	Genus
Improvisation	Improvisation
Musique	Musica
Nouveau	Novum
Orchestre	Orchestra
Rythme	Numero
Solo	Solo
Style	Style
Talent	Talentum
Tambours	Tympana
Technique	Ars
Vieux	Vetus

Jours et Mois
Diebus et Mensibus

Août	August
Avril	Aprilis
Calendrier	Calendar
Dimanche	Dominica
Février	February
Janvier	January
Jeudi	Jovis
Juillet	July
Juin	June
Lundi	Monday
Mardi	Martis
Mars	Martii
Mercredi	Wednesday
Mois	Mense
Novembre	November
Octobre	Aliquam
Samedi	Saturday
Semaine	Septimana
Septembre	September
Vendredi	Veneris

Les Abeilles
Apes

Ailes	Alis
Bénéfique	Utile
Cire	Cera
Diversité	Diversitas
Essaim	Miscentur
Écosystème	Ecosystem
Fleur	Florebit
Fleurs	Flores
Fruit	Fructus
Fumée	Fumus
Habitat	Habitat
Insecte	Insect
Jardin	Hortus
Miel	Mel
Nourriture	Cibum
Plantes	Plantis
Pollen	Pollen
Reine	Regina
Ruche	Alveo
Soleil	Sol

Légumes
Legumina

Ail	Allium
Algue	Alga
Artichaut	Cactus
Aubergine	Eggplant
Brocoli	Algentem
Carotte	Daucus
Céleri	Apium
Champignon	Fungorum
Citrouille	Cucurbita
Concombre	Cucumis
Échalote	Shallot
Épinard	Spinach
Gingembre	Gingiber
Navet	Rapa
Oignon	Cepa
Olive	Olivae
Persil	Petroselinum
Pois	Pisum
Radis	Radicula
Salade	Sem

Littérature
Litteris

Analogie	Similitudo
Analyse	Analysis
Anecdote	Fabella
Auteur	Auctor
Biographie	Vita
Comparaison	Comparatione
Conclusion	Conclusio
Description	Description
Dialogue	Dialogus
Fiction	Ficta
Métaphore	Metaphora
Opinion	Sententia
Poème	Carmen
Poétique	Poetica
Rime	Concordare
Roman	Nove
Rythme	Numero
Style	Style
Thème	Argumentum
Tragédie	Tragoedia

Livres
Books

Auteur	Auctor
Aventure	Casus
Collection	Collectio
Contexte	Context
Dualité	Dualitatem
Écrit	Scriptum
Histoire	Fabula
Historique	Historica
Humoristique	Hujusmodi
Inventif	Ingeniosus
Lecteur	Lector
Littéraire	Litterarum
Mots	Verba
Page	Page
Pertinent	Pertinet
Poème	Carmen
Poésie	Carmina
Roman	Nove
Série	Series
Tragique	Tragici

Maison
Domus

Balai	Genistae
Bibliothèque	Library
Chambre	Locus
Cheminée	Foco
Clés	Claves
Clôture	Sepem
Cuisine	Vestibulum
Douche	Imber
Fenêtre	Fenestra
Garage	Garage
Grenier	Attica
Jardin	Hortus
Lampe	Lucerna
Miroir	Speculum
Mur	Murum
Plafond	Laquearia
Porte	Ostium
Rideaux	Pelles
Sous-Sol	Fundamentum
Toit	Tectum

Maladie
Morbi

Abdominal	Abdominis
Aigu	Acutis
Allergies	Allergies
Chronique	Inveterata
Contagieux	Contagiosis
Corps	Corpus
Cœur	Cor
Faible	Infirma
Génétique	Triticum
Héréditaire	Hereditaria
Immunité	Immunitatem
Inflammation	Inflammatio
Lombaire	Lumborum
Neuropathie	Neuropathia
Os	Ossa
Respiratoire	Respiratorii
Santé	Salutem
Sinus	Sinus
Syndrome	Syndrome
Thérapie	Justo

Mammifères
Nullam

Baleine	Balena
Chat	Felis
Cheval	Equus
Chien	Canis
Coyote	Coyote
Dauphin	Delphini
Éléphant	Elephantis
Girafe	Panthera
Gorille	Orci
Kangourou	Macropus
Lapin	Lepus
Lion	Leo
Loup	Lupus
Mouton	Oves
Ours	Ursus
Renard	Vulpes
Singe	Simia
Taureau	Taurus
Tigre	Tiger
Zèbre	Zebra

Mathématiques
Math

Angles	Anguli
Arithmétique	Arithmetica
Carré	Quadratum
Décimal	Decimales
Diamètre	Diam
Division	Divisio
Exposant	Exponent
Équation	Aequatio
Fraction	Fractio
Géométrie	Geometria
Nombres	Numeri
Parallèle	Parallela
Périmètre	Perimeter
Polygone	Polygonum
Rayon	Radius
Rectangle	Rectangulum
Somme	Summa
Sphère	Sphaera
Symétrie	Praeditis
Triangle	Triangulum

Mesures
Mensurae

Centimètre	Centimeter
Degré	Gradus
Décimal	Decimales
Gramme	Gram
Hauteur	Altitudo
Kilogramme	Kilogram
Kilomètre	Kilometer
Largeur	Latitudo
Litre	Liter
Longueur	Longitudo
Masse	Massa
Mètre	Metri
Minute	Minutis
Octet	Byte
Once	Unciam
Pinte	Sextarium
Poids	Pondus
Pouce	Inch
Profondeur	Profundum
Tonne	Ton

Méditation
Meditatio

Acceptation	Acceptio
Attention	Operam
Calme	Tranquillitas
Clarté	Claritas
Compassion	Misericordia
Esprit	Mens
Émotions	Affectus
Gentillesse	Misericordiam
Gratitude	Gratia
Habitudes	Habitus
Mental	Mentis
Mouvement	Motus
Musique	Musica
Nature	Natura
Observation	Observatione
Paix	Pacem
Perspective	Prospectum
Posture	Staturam
Respiration	Spirans
Silence	Silentium

Météo
Tempestas

Arc-En-Ciel	Mauris
Atmosphère	Aeris
Brise	Aura
Brouillard	Caligo
Calme	Tranquillitas
Ciel	Caelum
Climat	Caeli
Glace	Ice
Mousson	Etesia
Nuage	Nubes
Ouragan	Procellae
Polaire	Polar
Sec	Siccum
Sécheresse	Siccitate
Température	Tortor
Tempête	Tempestas
Tonnerre	Tonitrua
Tornade	Turbo
Tropical	Tropical
Vent	Ventus

Musique
Musica

Album	Album
Ballade	Naenia
Chanteur	Cantor
Chœur	Chorus
Classique	Classical
Enregistrement	Recording
Harmonie	Concordia
Harmonique	Harmonia
Improviser	Vestibulum
Instrument	Instrumentum
Lyrique	Lyrical
Mélodie	Cantate
Microphone	Ligula
Musical	Musicum
Musicien	Musicus
Opéra	Opera
Poétique	Poetica
Rythme	Numero
Rythmique	Numerosa
Vocal	Vocalis

Mythologie
Fabularis

Archétype	Archetypum
Catastrophe	Cladis
Ciel	Caelum
Comportement	Moribus
Créature	Creatura
Croyances	Opiniones
Culture	Cultura
Éclair	Fulgur
Force	Fortitudo
Guerrier	Bellator
Héros	Heros
Jalousie	Zelus
Labyrinthe	Labyrinthus
Légende	Legend
Magique	Magicalis
Monstre	Monstrum
Mortel	Mortale
Tonnerre	Tonitrua
Triomphant	Triumphantes
Vengeance	Vindictam

Nature
Natura

Abeilles	Apes
Animaux	Animalia
Arctique	Arctic
Beauté	Pulchritudo
Brouillard	Caligo
Désert	Deserto
Dynamique	Suscipit
Érosion	Exesa
Feuillage	Fronde
Fleuve	Flumen
Forêt	Silva
Glacier	Glacier
Montagnes	Montes
Nuage	Nubes
Paisible	Pacis
Sanctuaire	Sanctuarium
Sauvage	Fera
Serein	Serena
Tropical	Tropical
Vital	Vitalis

Nombres
Numeri

Cinq	Quinque
Deux	Duo
Décimal	Decimales
Dix	Decem
Dix-Huit	Decem et Octo
Dix-Neuf	Undeviginti
Dix-Sept	Septemdecim
Douze	Duodecim
Huit	Octo
Neuf	Novem
Quatorze	Quattuordecim
Quatre	Quattuor
Quinze	Quindecim
Seize	Sedecim
Sept	Septem
Six	Sex
Treize	Tredecim
Trois	Tres
Vingt	Viginti
Zéro	Nulla

Nourriture #1
Cibum #1

Abricot	Persicum
Ail	Allium
Basilic	Basilius
Café	Capulus
Carotte	Daucus
Citron	Lemon
Épinard	Spinach
Fraise	Fragum
Jus	Sucus
Lait	Lac
Navet	Rapa
Oignon	Cepa
Orge	Hordeum
Poire	Pirum
Salade	Sem
Sel	Sal
Soupe	Elit
Sucre	Sugar
Thon	Tuna
Viande	Cibum

Nourriture #2
Cibum #2

Amande	Vigilantem
Artichaut	Cactus
Aubergine	Eggplant
Blé	Triticum
Brocoli	Algentem
Cerise	Cerasus
Céleri	Apium
Champignon	Fungorum
Chocolat	Scelerisque
Jambon	Ham
Kiwi	Kiwi
Mangue	Mango
Oeuf	Ovum
Pain	Panem
Pêche	Persicum
Poisson	Pisces
Pomme	Apple
Poulet	Pullum
Raisin	Uva
Riz	Rice

Nutrition
Nutritionem

Amer	Amara
Appétit	Appetitus
Calories	Adipiscing
Comestible	Edulis
Diète	Diet
Digestion	Concoctionem
Épices	Aromata
Équilibré	Libratum
Fermentation	Fermentum
Glucides	Carbohydrates
Liquides	Liquores
Poids	Pondus
Protéines	Servo
Qualité	Qualitas
Sain	Sanus
Santé	Salutem
Sauce	Condimentum
Saveur	Saporem
Toxine	Toxin
Vitamine	Vitaminum

Océan
Oceanum

Algue	Alga
Anguille	Anguilla
Baleine	Balena
Bateau	Navi
Corail	Coral
Crabe	Cancer
Crevette	Squilla
Dauphin	Delphini
Éponge	Spongia
Huître	Ostrea
Méduse	Jellyfish
Poisson	Pisces
Poulpe	Polypus
Requin	Shark
Récif	Reef
Sel	Sal
Tempête	Tempestas
Thon	Tuna
Tortue	Turtur
Vagues	Fluctus

Oiseaux
Aves

Aigle	Aquila
Autruche	Struthionem
Canard	Anatis
Cigogne	Ciconia
Colombe	Columba
Corbeau	Corvus
Coucou	Cuckoo
Cygne	Swan
Flamant	Flamingo
Héron	Heron
Moineau	Passer
Mouette	Gull
Oeuf	Ovum
Oie	Anserem
Paon	Pavo
Perroquet	Psittacus
Pélican	Pelican
Pigeon	Columbam
Poulet	Pullum
Toucan	Toucan

Pays #1
Regionibus #1

Afghanistan	Afghanistan
Allemagne	Germania
Argentine	Argentina
Brésil	Brazil
Canada	Canada
Espagne	Hispania
Équateur	Aequatoria
Finlande	Finland
Inde	India
Israël	Israhel
Libye	Libya
Mali	Mali
Maroc	Mauritania
Nicaragua	Nicaragua
Norvège	Norway
Panama	Panama
Philippines	Philippines
Pologne	Polonia
Roumanie	Romania
Venezuela	Venetiola

Pays #2
Regionibus #2

Albanie	Albania
Chine	Lorem Ipsum
Danemark	Daniae
Ethiopie	Aethiopia
France	Gallia
Haïti	Haitia
Indonésie	Indonesia
Irlande	Hibernia
Jamaïque	Jamaica
Japon	Japan
Kenya	Kenya
Laos	Laos
Liban	Libanus
Mexique	Mexico
Ouganda	Uganda
Russie	Russia
Somalie	Somalia
Soudan	Sudania
Syrie	Syria
Ukraine	Ucraina

Paysages
Donec

Cascade	Cataracta
Colline	Hill
Désert	Deserto
Estuaire	Aestuarium,
Fleuve	Flumen
Geyser	Geyser
Glacier	Glacier
Grotte	Cave
Iceberg	Iceberg
Île	Insula
Lac	Lacus
Marais	Palus
Mer	Mare
Montagne	Montem
Oasis	Oasis
Péninsule	Peninsula
Plage	Beach
Toundra	Tundra
Vallée	Convallis
Volcan	Volcano

Pêche
Piscandi

Appât	Esca
Bateau	Navi
Branchies	Branchias
Crochet	Hamo
Cuire	Coques
Eau	Aqua
Exagération	Augendo
Équipement	Apparatu
Fil	Filum
Fleuve	Flumen
Lac	Lacus
Mâchoire	Maxilla
Océan	Oceanum
Panier	Canistrum
Patience	Patientia
Plage	Beach
Poids	Pondus
Saison	Temporum

Physique
Physica

Accélération	Acceleratio
Atome	Atom
Chaos	Chaos
Chimique	Eget
Densité	Densitas
Électron	Electron
Formule	Formula
Fréquence	Frequency
Gaz	Vestibulum
Gravité	Gravitatis
Magnétisme	Magnetismi
Masse	Massa
Mécanique	Mechanica
Molécule	Moleculo
Moteur	Engine
Nucléaire	Nuclear
Particule	Particula
Relativité	Comparatione
Universel	Universalis
Vitesse	Celeritate

Plantes
Plantis

Arbre	Arbor
Baie	Berry
Bambou	Bamboo
Botanique	Botanicam
Buisson	Bush
Cactus	Cactus
Engrais	Stercorat
Feuillage	Fronde
Fleur	Flos
Flore	Flora
Forêt	Silva
Grandir	Crescere
Haricot	Bean
Herbe	Herba
Jardin	Hortus
Lierre	Hedera
Mousse	Muscus
Pétale	Petalorum
Racine	Radix
Végétation	Virentia

Professions #1
Professionibus #1

Ambassadeur	Legatus
Astronome	Astrologus
Avocat	Attornatum
Banquier	Remi
Bijoutier	Jeweler
Cartographe	Cartographer
Chasseur	Venator
Danseur	Saltator
Entraîneur	Raeda
Éditeur	Editor
Géologue	Geologist
Infirmière	Nutrix
Médecin	Medicus
Musicien	Musicus
Pianiste	The
Plombier	Plumbarius
Pompier	Firefighter
Psychologue	Psychologist
Scientifique	Scientist
Vétérinaire	Veterinarius

Professions #2
Professionibus #2

Astronaute	Astronaut
Biologiste	Biologist
Chercheur	Inquisitorem
Dentiste	Dentist
Détective	Inquisitor
Enquêteur	Investigator
Enseignant	Magister
Illustrateur	Illustrrator
Ingénieur	Engineer
Inventeur	Inventor
Jardinier	Hortulanus
Journaliste	Wisi
Linguiste	Linguist
Médecin	Medicus
Peintre	Pictor
Philosophe	Philosophus
Photographe	Pretium
Pilote	Gubernator
Professeur	Professor
Zoologiste	Zoologist

Psychologie
Duis

Clinique	Fusce
Cognition	Cognitio
Comportement	Moribus
Conflit	Certamen
Ego	Ego
Enfance	Pueritia
Expériences	Experitur
Émotions	Affectus
Évaluation	Taxationem
Inconscient	Conscientiam
Pensées	Cogitationes
Perception	Perceptio
Problème	Quaestio
Rendez-Vous	Appoinment
Réalité	Re
Rêves	Somnia
Sensation	Sensum
Subconscient	Subconscious
Thérapie	Justo

Randonnée
Hiking

Animaux	Animalia
Bottes	Tabernus
Camping	Castra
Carte	Map
Climat	Caeli
Eau	Aqua
Fatigué	Lassus
Guides	Duces
Lourd	Gravis
Météo	Tempestas
Montagne	Montem
Nature	Natura
Orientation	Orientation
Parcs	Parcis
Pierres	Lapides
Préparation	Praeparatio
Sauvage	Fera
Soleil	Sol
Sommet	Culmen

Réchauffement Climatique
Global Calefacientem

Arctique	Arctic
Attention	Operam
Changements	Mutationes
Climat	Caeli
Crise	Discrimen
Développement	Consequat
Données	Data
Environnemental	Aliquam
Futur	Futurum
Gaz	Vestibulum
Générations	Generationes
Gouvernement	Imperium
Habitats	Loca
Industrie	Industria
International	International
Législation	Leges
Maintenant	Nunc
Populations	Populi
Scientifique	Scientist
Températures	Temperaturis

Santé et Bien-Être #1
Salutem et Sanitatem #1

Actif	Activa
Bactéries	Bacteria
Blessure	Iniuriam
Clinique	Eget
Faim	Fames
Fracture	Fractura
Habitude	Habitus
Hauteur	Altitudo
Hormone	Hormones
Médecin	Medicus
Médicament	Medicina
Muscles	Musculi
Os	Ossa
Peau	Cutis
Pharmacie	Atqui
Posture	Staturam
Réflexe	Reflexum
Thérapie	Justo
Traitement	Curatio
Virus	Virus

Santé et Bien-Être #2
Salutem et Sanitatem #2

Allergie	Urna
Anatomie	Anatomia
Appétit	Appetitus
Calorie	Calorie
Corps	Corpus
Diète	Diet
Dormir	Somnus
Énergie	Vestibulum
Génétique	Genetics
Hôpital	Hospitalis
Hygiène	Hygiene
Infection	Infectio
Maladie	Morbi
Nutrition	Nutritionem
Poids	Pondus
Récupération	Recuperatio
Sain	Sanus
Sang	Sanguinem
Stress	Suspendisse
Vitamine	Vitaminum

Science
Scientia

Atome	Atom
Chimique	Eget
Climat	Caeli
Données	Data
Expérience	Experimentum
Évolution	Praegressus
Fait	Eo
Fossile	Fossile
Gravité	Gravitatis
Hypothèse	Rum
Laboratoire	Nulla
Méthode	Modus
Minéraux	Mineralibus
Molécules	Moleculis
Nature	Natura
Observation	Observatione
Particules	Particulis
Physique	Physica
Plantes	Plantis
Scientifique	Scientist

Science-Fiction
Scientia Ficta

Atomique	Atomicus
Dystopie	Dystopia
Explosion	Crepitus
Extrême	Extrema
Fantastique	Suspendisse
Feu	Ignis
Futuriste	Futuristic
Galaxie	Galaxia
Illusion	Illusio
Imaginaire	Imaginaria
Lointain	Distant
Monde	Mundi
Mystérieux	Arcanum
Oracle	Oraculum
Planète	Planeta
Romans	Conscripserit
Technologie	Nulla
Utopie	Utopia

Sport
Sport

Athlète	Athleta
Capacité	Facultatem
Corps	Corpus
Cyclisme	Cycling
Danse	Chorum
Diète	Diet
Endurance	Patientia
Entraîneur	Raeda
Étirement	Extendens
Force	Fortitudo
Jogging	Jogging
Maximiser	Maximize
Métabolique	Metabolicae
Muscles	Musculi
Nutrition	Nutritionem
Objectif	Finis
Os	Ossa
Programme	Elit
Santé	Salutem
Sports	Ludis

Temps
Tempus

Année	Anno
Annuel	Annua
Après	Post
Avant	Ante
Bientôt	Mox
Calendrier	Calendar
Décennie	Decennium
Futur	Futurum
Heure	Hora
Hier	Heri
Horloge	Horologium
Jour	Die
Maintenant	Nunc
Matin	Mane
Midi	Meridies
Minute	Minutis
Mois	Mense
Nuit	Nocte
Semaine	Septimana
Siècle	Century

Types de Cheveux
Genera Capillos

Argent	Argentum
Blanc	Albus
Blond	Flavis
Boucles	Cincinnis
Brillant	Crus
Chauve	Calvus
Coloré	Coloratum
Court	Denique
Doux	Mollis
Épais	Crassus
Frisé	Crispus
Gris	Gray
Lisse	Lenis
Long	Diu
Marron	Brown
Mince	Tenuis
Noir	Nigrum
Sain	Sanus
Sec	Siccum
Tressé	Tortis

Univers
Universi

Astéroïde	Asteroidem
Astronome	Astrologus
Astronomie	Astronomia
Atmosphère	Aeris
Céleste	Caelestis
Ciel	Caelum
Cosmique	Cosmicam
Galaxie	Galaxia
Hémisphère	Hemisphaerio
Horizon	Horizon
Latitude	Latitudo
Longitude	Longitudinis
Lune	Luna
Obscurité	Tenebrae
Orbite	Orbita
Solaire	Solaris
Solstice	Aequinoctium
Télescope	Telescopium
Visible	Apparet
Zodiaque	Zodiac

Vacances #2
Vacation #2

Aéroport	Elit
Camping	Castra
Carte	Map
Étranger	Aliena
Hôtel	Hotel
Île	Insula
Loisir	Otium
Mer	Mare
Montagnes	Montes
Passeport	Singraphus
Photos	Imagines
Plage	Beach
Restaurant	Amet
Taxi	Taxi
Tente	Tabernaculum
Train	Comitatu
Transport	Nulla
Vacances	Ferias
Visa	Visa
Voyage	Iter

Vertus #1
Virtutes #1

Artistique	Artis
Bon	Bonum
Charmant	Venustus
Confiant	Confidit
Curieux	Curiosus
Décisif	Decretorium
Efficace	Efficiens
Fiable	Certa
Généreux	Liberalis
Indépendant	Independens
Intelligent	Intelligens
Modeste	Modestus
Passionné	Iracundus
Patient	Patiens
Pratique	Practica
Propre	Mundus
Sage	Sapiens
Utile	Benevolens

Véhicules
Vehicula

Ambulance	Ambulance
Avion	Vivamus
Bateau	Navi
Camion	Dolor
Caravane	Comitatum
Ferry	Porttitor
Fusée	Eruca
Hélicoptère	Helicopter
Métro	Subway
Moteur	Motor
Pneus	Tires
Radeau	Ratis
Scooter	Scooter
Sous-Marin	Submarine
Taxi	Taxi
Tracteur	Tractor
Train	Comitatu
Voiture	Car

Vêtements
Vestimenta

Bijoux	Jewelry
Bracelet	Armillam
Ceinture	Cingulum
Chapeau	Hat
Chaussettes	Tibialia
Chaussure	Nulla Nec
Chemise	Shirt
Chemisier	Blouse
Collier	Monile
Foulard	Chlamydem
Gants	Caestus
Jupe	Lacinia
Manteau	Coat
Mode	More
Pantalon	Braccae
Pull	Sweater
Pyjama	Pajamas
Robe	Habitu
Sandales	Sandalia
Veste	Jacket

Ville
Oppidum

Aéroport	Elit
Banque	Ripam
Bibliothèque	Library
Boulangerie	Pistrinum
Café	Casu
Clinique	Eget
École	Schola
Fleuriste	Florist
Galerie	Gallery
Hôtel	Hotel
Librairie	Bookstore
Magasin	Store
Musée	Museum
Pharmacie	Atqui
Restaurant	Amet
Stade	Stadium
Supermarché	Forum
Théâtre	Theatrum
Université	University
Zoo	Exo

Félicitations

Vous avez réussi !

Nous espérons que vous avez apprécié ce livre autant que nous avons pris plaisir à le concevoir. Nous faisons de notre mieux pour créer des livres de la meilleure qualité possible.
Cette édition est conçue pour permettre un apprentissage intelligent et de qualité en se divertissant !

Vous avez aimé ce livre ?

Une Simple Demande

Nos livres existent grâce aux avis que vous publiez. Pourriez-vous nous aider en laissant un avis maintenant ?

Voici un lien rapide qui vous mènera à votre page d'évaluation de vos commandes :

BestBooksActivity.com/Avis50

CHALLENGE FINAL !

Défi n°1

Êtes-vous prêt pour votre jeu bonus ? Nous les utilisons tout le temps mais ils ne sont pas si faciles à trouver. Voici les **Synonymes** !

Notez 5 mots que vous avez trouvés dans les puzzles notés ci-dessous (n°21, n°36, n°76) et essayez de trouver 2 synonymes pour chaque mot.

Notez 5 Mots du **Puzzle 21**

Mots	Synonyme 1	Synonyme 2

Notez 5 Mots du **Puzzle 36**

Mots	Synonyme 1	Synonyme 2

Notez 5 Mots du **Puzzle 76**

Mots	Synonyme 1	Synonyme 2

Défi n°2

Maintenant que vous vous êtes échauffé, notez 5 mots que vous avez découverts dans les Puzzles n° 9, n° 17, n° 25 et essayez de trouver 2 antonymes pour chaque mot. Combien pouvez-vous en trouver en 20 minutes ?

Notez 5 Mots du **Puzzle 9**

Mots	Antonyme 1	Antonyme 2

Notez 5 Mots du **Puzzle 17**

Mots	Antonyme 1	Antonyme 2

Notez 5 Mots du **Puzzle 25**

Mots	Antonyme 1	Antonyme 2

Défi n°3

Formidable ! Ce défi final n'est rien pour vous.

Prêt pour le dernier défi ? Choisissez 10 mots que vous avez découverts parmi les différents puzzles et notez-les ci-dessous.

1.	6.
2.	7.
3.	8.
4.	9.
5.	10.

Maintenant, composez un texte en pensant à une personne, un animal ou un lieu que vous aimez !

Astuce: Vous pouvez utiliser la dernière page de ce livre comme brouillon !

Votre Composition :

_____

_____

_____

_____

_____

_____

_____

CARNET DE NOTES :

À TRÈS BIENTÔT !

Toute l'équipe

DECOUVREZ DES JEUX GRATUITS

GO

↓

BESTACTIVITYBOOKS.COM/FREEGAMES